IL MIO TESORO NASCOSTO

DALILA DI LAZZARO

IL MIO TESORO NASCOSTO

La forza interiore
che ispira la mia vita

A cura di

Giuliana Grimaldi

PIEMME incontri

I Edizione 2011

20145 Milano - Via Tiziano, 32
info@edizpiemme.it - www.edizpiemme.it

Dedico questo libro ai miei genitori
e a coloro che sono nella sofferenza
e ancora attendono la vera gioia.

Il tuo cuore si trova là dove si trova il tuo tesoro.
Ed è necessario che il tuo tesoro
sia ritrovato
affinché tutto ciò che hai scoperto
durante il cammino
possa avere un significato.

PAULO COELHO

La mia vita è stata tutta così...
Piena di piccoli segni
che mi vengono a cercare.

MARGARET MAZZANTINI

INTRODUZIONE

Sempre devi avere in mente Itaca
raggiungerla sia il pensiero costante.
Soprattutto, non affrettare il viaggio;
fa' che duri a lungo, per anni,
e che da vecchio metta piede sull'isola,
tu, ricco dei tesori accumulati per strada
senza aspettarti ricchezze da Itaca.
Itaca ti ha dato il bel viaggio,
senza di lei mai ti saresti messo sulla strada:
che cos'altro ti aspetti?
E se la trovi povera,
non per questo Itaca ti avrà deluso.
Fatto ormai savio,
con tutta la tua esperienza addosso
già tu avrai capito
ciò che Itaca vuole significare.

KONSTANTINOS KAVAFIS

Sono fortunata. Forse un'altra persona non lo direbbe. Da poco ho trovato una verità così grande che mi è difficile tenerla tutta per me. Forse non mi crederete o penserete che si tratti solo di belle parole, ma non è così. È per intero frutto di esperienza.

Ho scoperto che in ogni evento negativo c'è il rovescio della medaglia, sempre; che dentro di me, dentro ogni persona, c'è un tesoro nascosto. Una forza preziosa e potente che viene fuori quando meno te lo aspetti, quando la vita ti mette alla prova e non hai altro a cui aggrapparti.

Me ne sono accorta all'improvviso. In un momento in cui nessuno si sarebbe sentito baciato dalla fortuna. In cui sarebbe stato normale abbattersi e sentirsi sconfitti e impotenti. Ma io non posso arrendermi così. Ne ho passate di peggiori e devo reagire anche davanti a questa difficoltà. L'ennesima.

In un giorno di pioggia grigia e umida in cui ci si sente appiccicare addosso un po' di malinconia, mi trovo a Corsico, periferia ovest di Milano, ai margini della tangenziale; vedo automobili che percorrono strade cittadine affollate: come scie luminose che cambiano di continuo direzione ed esplodono in fuochi d'artificio e sogni.

Sono in un piazzale deserto, ingombro solo di camion e capannoni. Come tutte le persone, anche un'attrice ha delle incombenze da sbrigare in prima persona e in certi casi non può delegare nessuno a risolvere i suoi problemi. In un posto che non è un set cinematografico o uno studio televisivo, ma il deposito di una società di traslochi, tanto grande che ricorda gli *studios* di Cinecittà.

Nella mia vita ho cambiato casa tante volte. Lavorando tra Roma, Milano e l'estero avrò avuto almeno una decina di appartamenti.

Li ho sempre sistemati con cura: ho avuto sin da ragazza il pallino dell'arredamento e mi piace accostare i colori, creando atmosfere accoglienti. Così ho sempre personalizzato le mie case con abat-jour, tappeti, cuscini. Certo, ci si può anche rivolgere a un arredatore se non si ha l'inclinazione o il tempo, però basta così poco a creare un ambiente caldo e familiare: una composizione di fiori, una tenda colorata o una tinta pastello alle pareti.

Amavo perdermi nei mercatini d'antiquariato e acquistare un pezzo raro, un tavolo antico o un piccolo posacenere in ceramica, una tazza da tè in porcellana inglese o un quadretto ad acquerello. In ogni città che ho visitato ho cercato pezzi da collezione, comprando qualcosa di unico e particolare. Pian piano ho così cominciato ad ammassare tante cose...

E poi ci sono i regali che ho ricevuto, come i quadri che vari artisti mi hanno dedicato, pubblicazioni, vasi cinesi che i miei amici mi donavano sapendo che li collezionavo.

Ho raccolto quindi molti mobili, libri e oggetti che in tutti i traslochi affrontati non sempre ho potuto portare con me. Da quando mi sono trasferita a Milano, ormai dieci anni fa, vivo in un appartamento sì grande e confortevole, ma non certo abbastanza da contenere tutti i ricordi di una vita.

Come dicono gli orientali abbiamo due tombe: la casa, per accumulare ricordi, per costruire la nostra vita giorno per giorno; e la tomba vera e propria, che serve ai posteri, per conservare la nostra memoria.

Così sono stata costretta ad affittare uno spazio dove tenere il mucchio di cose che ho raccolto nel corso del tempo, come aveva fatto anche Andy Warhol che disponeva di magazzini in cui stipava le proprie collezioni. Alla sua morte sono state battute all'asta senza che lui avesse goduto di quei cimeli comprati solo per il gusto di possesso.

Sono sempre più convinta che non si dovrebbero accumulare cose materiali perché l'opulenza assomiglia all'acqua di mare: quanta più se ne beve, tanto più si ha sete. La vera ricchezza dovrebbe risiedere, invece, nella ricerca della felicità. È molto difficile capirlo, ma è anche la chiave di un'esistenza autentica e libera. L'ho compreso solo oggi, in questo deposito. Sono venuta qui a fare l'inventario dei danni ma tutto è iniziato una settimana fa, quando ho fatto una telefonata per chiedere il ritiro di alcuni pezzi; un incaricato della ditta mi diceva che i container avevano subìto dei danni, un'infiltrazione d'acqua che non capivano da dove arrivasse e che dovevo andare da loro al più presto.

Eccomi allora qui con un amico avvocato a prendere atto dello sfacelo, scioccata. Entriamo con cautela nel capannone, circondati da un sacco di container ammassati per le ragioni più diverse: un divorzio, un trasferimento, un'eredità. Persino la macchina del film di Batman! E io sono qui, anch'io tra di loro. Ho come un presentimento che puntualmente si avvera. Tutto marcio!

Anni e anni spazzati via, annacquati, ammuffiti, cancellati per sempre dal tempo e dall'acqua che nulla risparmiano: lettere, documenti, abiti da sera griffati, tappeti, pellicce, valigie firmate, scarpine di seta e cappelli, le mie copertine, fotografie, due cassettoni antichi, la cucina che avevo nella casa di Roma, biancheria, i copioni dei film che ho interpretato, videocassette, dischi in vinile, televisori.

È tutto distrutto, morto! Non mi è rimasto niente, nemmeno gli oggetti che avevo conservato di mio figlio: la chitarra, i quaderni, le pagelle, le sue cassette di musica, una costosissima bici che lui tanto amava. Le cose alle quali tenevo di più. Tutto da buttare. Solo le pentole si sono salvate! I servizi di porcellana invece sono rimasti tutti spaiati.

Mi sembra di non avere più un vissuto che mi rappresenti come persona e come attrice. Sono furiosa con la ditta, pur famosa in tutto il mondo, pagata per prendersi cura delle mie cose e che, invece, con negligenza ha spostato gli scatoloni, li ha aperti in mia assenza e ha lasciato per anni che le infiltrazioni d'acqua e persino alcuni animali entrassero nei container.

È scandaloso che per primi abbiano messo le mani nella mia roba per occultare i guasti. Dopo aver riscontrato che gli oggetti lasciati in deposito avevano subìto dei danni, un'altra azienda più seria e civile mi avrebbe chiamata segnalando l'accaduto e chiedendomi di andare a verificare la situazione. Invece loro hanno manomesso tutto, hanno profanato il tesoro che avevo loro affidato, i miei ricordi, buttando via un sacco di cose troppo danneggiate, pensando così di nascondere il disastro, di limitare la propria responsabilità, e quindi, le mie richieste di risarcimento. Di fatto hanno commesso un reato penale.

Non ho trovato molti oggetti che la ditta ha fatto sparire: delle mie duecento e più paia di scarpe firmate e di tutti i miei libri neanche l'ombra. Dovrei fare loro causa ma non ne ho più la forza: un processo non riparerà quanto è stato rotto e non farà riapparire ciò che è scomparso.

Per dieci anni hanno continuato a farmi pagare l'affitto dei container quando invece erano consapevoli che la roba era già rovinata chissà da quanto tempo per l'acqua e per l'incuria: un tavolo di marmo non si rompe certo in mille pezzi per la muffa, il ferro di una bici non si accartoccia per l'umidità, i bicchieri e i vasi non si rompono da soli!

Un baule di biancheria era totalmente arrugginito, di sicuro non da due giorni! Conteneva le lenzuola che mia madre aveva fatto ricamare per me dalle suore quando dovevo sposarmi ed erano l'unico ricordo del suo modo di amarmi: a vederle lì, ormai marce per la muffa, mi si è spezzato il cuore.

Il matrimonio è durato poco, ma le lenzuola hanno resistito tantissimo! Io le tenevo come una reliquia e avevano un valore inestimabile, ricamate da mani laboriose, in anni e anni.

L'avvocato mi ha spiegato che non potrei ottenere nemmeno un equo risarcimento perché avrei dovuto avere le foto di tutti gli oggetti al momento del deposito. Ma chi pensa a fare una cosa così? A fotografare ogni oggetto – i servizi di posate, i documenti, le lettere, i copioni e le videocassette dei miei film, le borse, la biancheria, gli abiti – per dimostrare dieci anni dopo che li si è consegnati integri e perfetti al magazzino?

Ma di questi tempi bisogna essere persone lucide, accorte. Non ci si può fidare più di nessuno perché non esiste più il rigore morale, nei comportamenti c'è pressappochismo, spesso condito con abbondanti menefreghismo e arroganza. L'italiano furbo ha tutte le armi per passare da colpevole a innocente, sfruttando la propria esperienza passata. Le persone stanche e ferite lasciano il posto agli avvoltoi, e la giustizia te la scordi.

Man mano che giravo per questi container immersi nella muffa, ogni oggetto che saltava fuori lo prendevo in mano, lo guardavo e mi veniva in mente il momento, la situazione in cui l'avevo trovato o usato: i pettinini di tartaruga in stile liberty che avevo trovato in una bancarella di Montmartre, un portacandele che avevo preso a Portobello Road, un cavalluccio di legno di mio figlio, una scatola portagioie dono di un ammiratore napoletano, una antica specchiera comprata a Venezia e adesso buttata in un angolo, rotta per terra. Quante volte mi ero guardata in quello specchio facendomi domande, ascoltandomi, vedendomi a volte fragile e altre piena di fascino! Accanto, i resti di quello che un tempo era un meraviglioso piumino di seta ricamato che avevo acquistato a un'asta di beneficenza a New York... Briciole di passato vengono avanti, lo riportano in vita per qualche secondo e poi tornano a tacere per sempre.

Continuiamo il giro in mezzo a questa desolazione. Provo rabbia e senso di perdita. Piango come una bambina mentre il perito che mi accompagna constata lo sfacelo e fa pazientemente l'inventario delle cose mancanti e dei danni. Non mi rimane più niente, sono spogliata del mio passato, cancellata insieme ai miei ricordi.

È incredibile come tutto possa venire spazzato via in un attimo. Pensavo a come catastrofi, terremoti, alluvioni costringano tanta gente a ricominciare dal nulla. Passata la tempesta, sembra tornata la tranquillità, ma ti senti impotente; l'importante è allora esserci ancora, avere resistito. La vita sembra rallentare, quando un soffio leggero ti scuote dandoti la forza per reagire e una cornice nuova per ricominciare.

Capisco che sbarazzarsi di tutti gli oggetti ormai rovinati è stata una specie di liberazione, altro non potevo fare. Anche perché, a vederli così ridotti, mi piangeva il cuore. «E questo, signora, lo buttiamo?» Quante volte mi hanno fatto questa domanda! A uno degli addetti venne spontaneo chiedermi in romanesco: «*Ah signo', ma lei non è che c'ha avuto un albergo prima?*». E ogni volta annuivo silenziosa. Triste, per la loro ironia imbarazzata. Ma, alla fine, ho provato una sensazione inaspettata di rinascita: mi sono sentita incredibilmente leggera e indifferente, distaccata dal problema. Ho pensato che negli ultimi dieci anni avevo vissuto bene anche senza quella roba.

Quando si sono vissuti momenti difficili e dolorosi come quelli che ho vissuto io, quando si è fatta esperienza del dolore e si è cercata l'armonia per sopravvivere, per rinascere ripartendo da zero, cosa saranno tre container marci?

Alla stessa maniera i valori avuti da bambina dai miei genitori vivevano con me, anche se loro non c'erano più.

Facevo fatica a staccarmi solo dalle poche cose che appartenevano a mio figlio; soltanto quelle quattro istantanee meno ammuffite, che ci ritraevano insieme, con il suo sorriso e il suo abbraccio, mi servivano per ricominciare.

Allora mi sono detta: "Tagliare di netto col passato è l'unica strada. È meglio non collezionare niente, non essere attaccati agli oggetti". Ho pianto sì, perché tutto era distrutto. Ma adesso ho capito che posso stare bene anche senza.

Sono abituata a perdere, e questo mi ha dato una grande forza. Paragono sempre la mia vita a un filo e ogni cosa fatta o successa, positiva o negativa, è una perla da infilare fino a formare una collana preziosa.

Nel gigantesco tunnel della nostra esistenza viaggiamo soli. Non appena il pericolo è passato o abbiamo intravisto la morte nelle sue molteplici facce, ci rialziamo più forti di prima. E chi non ce la fa a metabolizzare il dolore rimane prigioniero della paura e si priva dei propri sogni e del coraggio di vivere.

Io ho affrontato il malessere fisico, la solitudine interiore, la perdita dell'autonomia, l'abbandono del compagno quando ho avuto l'incidente e la perdita di alcuni che sembravano veri amici. Ho dovuto imparare a stare bene da sola, a cavarmela, a trovare un equilibrio; alcune persone non ce la fanno e preferiscono soccombere davanti alle difficoltà e farsi compatire piuttosto che fare i conti con se stesse. La solitudine può essere una cosa che scegli, ma il vuoto fa paura. È per questo che devi reagire.

Nella mia esistenza la fortuna è stata molto presente e si è manifestata quando meno me lo sarei aspettata, spesso senza che la cercassi. In ogni caso però ho compreso che la buona sorte va alimentata.

Sono sempre stata protetta da una buona stella, ma in alcuni momenti o non me ne accorgevo o mi è stato difficile capirlo.

La mia sorte è stata imperfetta, ma la mia vita è stata comunque speciale. Anche il vuoto mi è servito. A farmi sentire viva. A darmi la sensazione pura del mio essere.

Quando riesci a sopravvivere ai momenti più bui e a tenere testa alle prove più difficili, allora davvero esce la tua forza, emerge il tuo spirito più vero.

Nei miei giri per ospedali (ho subìto diciotto interventi!) ho visto delle situazioni terrificanti che mi hanno fatto capire quanto comunque fossi fortunata. Mi sono sempre detta: "Cessa di giocare con il tuo dolore che come un avvoltoio divora la tua vita".

Adesso che sto meglio che cosa dovrei fare? Piangere sulle scatole ammuffite? No, non è da me. Forza Dalila, in piedi! Torna a essere la guerriera che sei, la vita è comunque un dono meraviglioso.

Usciamo dall'ultimo container, mi allontano dal perito e mi fermo un attimo.

Respiro a pieni polmoni perché dentro mancava l'ossigeno, solo aria viziata e tanfo di umidità.

Attorno a me non c'è alcun rumore. Un raggio di sole si posa su questa desolazione.

La mia ricchezza non coincide nemmeno con il periodo in cui facevo cinema e conducevo vita mondana, quando andavo a cena con Robert De Niro e Sergio

Leone, accompagnavo a un festival amici come Jack Nicholson, ero invitata a party con David Bowie, Catherine Deneuve, a un carnevale a Venezia con Coveri e Harvey Keitel o serate al «54» di New York con Diana Ross; ero poi fotografata da Richard Avedon, ritratta da Francesco Scavullo e Steven Klein e lavoravo con Alberto Sordi, Andy Warhol e Richard Gere.

Questa pagina mondana non è il bagaglio più importante che mi porto, ma mi ha dato la grande possibilità di parlare in certi momenti della mia vita delle battaglie sociali in cui credo: il dolore cronico, l'adozione ai single, la denuncia delle ingiustizie. È questo il mio vero tesoro nascosto.

Ho conosciuto la popolarità, la ricchezza, le *paillettes* del palcoscenico. E in quegli anni ne ero appagata. Ero desiderosa di conoscere e sperimentare, volevo spingermi sempre oltre, ricevevo in regalo gioielli, vestiti importanti e soggiorni in hotel di lusso.

Adesso ho capito che non sono mai stata dipendente da quelle cose, ancora di meno lo sono adesso e vivo leggera, risolta. Non ci portiamo niente nell'aldilà e il successo è un modo di pensare, un atteggiamento della mente. Quando fai un percorso nella tua esistenza e riesci a intravedere la semplicità della vita, ritorni a essere libero.

Scrivere mi ha aperto un mondo e mi ha dato molte soddisfazioni. Io ho sempre la speranza che rimanga qualcosa nel cuore di chi legge i miei libri. Se qualcuno ti pensa, se qualcuno ti ricorda, vuol dire che tu non morirai mai.

È per questo che mi ritrovo con una biro in mano e un notes sulle ginocchia a ripercorrere il filo dei pensieri, a raccontarvi ancora delle storie. Sì, perché in questo libro non vorrei parlare solo di me. Vorrei che fosse il destino a parlare, a mostrarsi attraverso le mie esperienze e quelle di chi ha incrociato a vario titolo la mia esistenza.

Una delle cose più esaltanti del mio lavoro di attrice è stata proprio la possibilità di viaggiare e di conoscere tante persone diverse, ognuna con un destino, una storia e un carattere.

È stata una grande fortuna, un viaggio che mi ha aperto la mente: quanto ho imparato dai miei errori ma anche da quelli altrui! Quanto mi è stato utile guardarmi intorno e assorbire come per osmosi da chi mi stava intorno, opinioni, valori, stimoli!

In tutti i momenti, belli o critici, ho però sempre intravisto una forza positiva. Un'energia buona che guidava le persone e le muoveva verso il compimento del loro destino, verso la realizzazione di sé, verso mete che spesso non immaginavano di raggiungere, verso la serenità e la pace interiore nei casi più fortunati.

Quanti fatti mi sfilano davanti agli occhi mostrandomi che la forza del destino esiste! Il confine tra un fatto successo davvero e un fatto che non succederà mai è spesso così sottile... E la nostra felicità e la nostra infelicità dipendono proprio da minuscoli dettagli.

È sorprendente, ma è la nostra libertà a collaborare misteriosamente alla realizzazione del disegno tracciato per noi: le nostre scelte ci portano infatti su un sentiero che è il nostro e basta. Con le nostre azioni facciamo in modo che il progetto arrivi a compimento.

Sono tornata a casa più leggera dal deposito dei container.

Voglio lasciarmi alle spalle le lacrime e le delusioni,

ritornare a sorridere e a far sorridere. Oggi inizia la parte migliore della mia vita.

La strada che ho percorso ha avuto diverse curve, alcuni tornanti di montagna, di quelli ripidi che al Giro d'Italia fanno tremare anche i più esperti scalatori! Ma alla fine mi ha portato molto in alto.

Questo libro è per chi ha un tesoro in mano ma non sa vederlo, per chi ha così tanto dalla vita da vedere solo quelle piccole cose che mancano, per chi ha difficoltà a rialzarsi dopo una disgrazia, per chi è così ansioso di raggiungere la meta da non accorgersi che è invece il viaggio ciò che conta.

Per chi non si accorge che il destino ci guida per mano e fa in modo che il diamante che sta dentro di noi, che c'è sempre stato, venga fuori e brilli in tutta la sua luce.

1
LUCCIOLE IN GIARDINO
(Udine)

Nessun posto è bello come casa mia.

Dorothy Gale nel musical *Il mago di Oz*

Corrono, corrono. Due gambette pallide, ossute, irrequiete. Macinano chilometri. Veloci marciano e d'inverno sono viola: sotto la gonna i calzettoni non bastano a sconfiggere il freddo di Udine. E allora le gambe corrono sempre più forte, non hanno pace.

Passano i mesi, e le mie gambe inseguono le stagioni, nei prati pieni di primule, sopra le pozzanghere d'acqua e sull'asfalto rovente per poi giocare con le foglie gialle d'autunno e a piedi nudi nel cortile per sentire la neve.

Vanno da scuola a casa, dove un indizio di mimosa spunta da un cortile, dove c'è una rosa sporgente da tagliare o una nespola matura da acchiappare al volo. Sgambettano nei viali, nei cortili, giocano sulle scalinate della chiesa del Redentore, penzolano da un albero di fico, saltano la corda, ballano con cenni di danza classica sulle opere della Callas che mia mamma ascolta a tutto volume.

La primavera porta alla vita e alla libertà, risveglia dal letargo invernale, ma non dà sosta a quei piedi ansiosi di strada.

Indossano scarponcini d'inverno e un paio di ballerine nere nella buona stagione, di vernice, e proseguono così la loro maratona frenetica. Pedalano attraversando tutta la città, si spingono oltre il tragitto noto, portano negli angoli ancora inesplorati: via Mantica e subito via Marinoni, poi via Mercatovecchio fino al piazzale del Castello, poi alla Loggia del Lionello passando attraverso i vicoli più stretti. D'estate non vedono l'ora di saltare da un ombrellone all'altro a Lignano sulla sabbia rovente per poi trovare sollievo tra le onde del mare.

Con il tempo i calzettoni si trasformano in collant di seta. Che evento sono per me le mie gambe! Prendono forme più femminili portandomi nelle passeggiate del parco della Rimembranza e tra le vie del centro per lo struscio. Che emozione abbandonare la crisalide e diventare pian piano farfalla, con gli occhi dei ragazzi che mi cercano!

La corsa prosegue finché l'estate non ritorna regalandomi un accenno di tacco. Dai sogni di bambina a quelli di adolescente è un niente. Soltanto tempo. Come un aquilone aspetto i venti che mi portino in quota, per guardare le meraviglie del mondo a me estraneo fino a ieri.

A questo punto la mia corsa si interrompe davanti a un cancello con l'intensità del cinguettio delle rondini. I rumori della cittadina sono benefici e uno sciame di lucciole mi dà il benvenuto, il campanile scocca ed è il momento di tornare in vicolo degli Orti 10. Casa.

Mi scuoto da questo ricordo che la mia memoria ha proiettato davanti a me come un film, dopo anni e anni. No, non la mia memoria, ma le scarpe in vernice nera che sto ancora abbracciando.

Sono uno dei pochi cimeli che ho voluto portare via dai container, la testimonianza materiale da cui non ho voluto separarmi: dicono che porti fortuna tenere con sé un paio di scarpe vecchie.

Tengo ancora con me queste scarpette e riassaporo il passato. Le ho salvate dalla muffa e loro mi premiano accendendo davanti ai miei occhi una visione, un fascio di luce che riporta indietro ogni dettaglio del nido della mia infanzia.

La mia casa-caserma

La casa che ho abitato da bambina era nel centro della città, ma io ho sempre pensato di vivere in campagna. Già l'indirizzo la dice lunga: vicolo degli Orti. Era una via lunga e stretta, senza uscita, pavimentata con un ciottolato a sassi e lastroni al centro; lateralmente era definita da portoni e da muri a secco oltre i quali traboccavano spruzzi di alberi e siepi di rose che le davano uno stile provenzale. Poco lontano c'era ancora una casa diroccata dalla guerra che confinava con la dimora di una contessa con un enorme giardino. In mezzo a tutta questa bellezza due palazzoni moderni sfiguravano completamente. L'insieme componeva come un quadro, una visione anarchica, ma poetica. La mia casa era la penultima del vicolo, immersa in un giardino enorme, quadrato; una pergola faceva da intermezzo tra la cucina e il giardino vero e proprio. D'estate apparecchiavamo all'aperto ed era una gioia mangiare fuori, coperti solo dal vitigno di uva fragola, a pochi passi dai fiori che crescevano disordinati e da un albero di ciliegio maestoso sul quale io e mia sorella ci arrampicavamo spesso. In fondo al podere un fico imponente copriva il pollaio in cui mio padre teneva galline, conigli e oche.

Intorno ai cinque anni mi innamorai di un coniglietto grigio appena portato a casa da mio papà, piccolo, morbido; a volte me lo portavo a letto di nascosto ed era il peluche più soffice che potessi immaginare. Piansi per giorni quando me lo trovai dentro una pentola in salmì con la polenta. Una volta, secondo la tradizione contadina, tutto quello che c'era nel pollaio era per la tavola. Non pensavo proprio che mio padre lo avesse preso per farlo ingrassare e cucinarlo, credevo fosse un regalo per me. Me ne dovettero comprare un altro perché ero inconsolabile, un vero e proprio lutto.

E poi c'era l'orto: una lunga striscia di terra da cui arrivava tutto ciò che poi finiva sulla nostra tavola: papà lo teneva con cura, prima di andare al lavoro e poi al ritorno, anche quando rincasava stanco e fuori pioveva. Con passione ci tramandava l'amore per la terra, i segreti della semina e i trucchi del contadino.

La nostra casa si sviluppava su due livelli: la sala da pranzo, il salotto e l'enorme cucina stavano al pianterreno, le camere da letto e i bagni al primo piano; quando mia madre dimenticava le sigarette sul comodino o qualcos'altro che stava sopra, chi era che faceva la staffetta col piano superiore? Sempre io, la piccola di casa, perché mia sorella aveva paura a salire quelle scale di legno buie e scricchiolanti. Che bello essere stata bambina: drappeggiavo la mia camera di sogni! Quando, prima di addormentarmi, mi veniva voglia di mangiare una coscia di quel pollo incredibilmente buono che preparava mio padre, per non farmi beccare dovevo saltare e scivolare sul corrimano come una scimmietta per non farmi sentire da lui. In teoria, quando lui spegneva la luce tutti dovevano dormire e scendere in cucina era vietato.

D'inverno stavamo barricati lì dentro. La grande cucina era il cuore della nostra quotidianità. Era bella e calda. I vetri erano impregnati di condensa, gocciolavano ininterrottamente dal freddo che c'era fuori. Era riscaldata da una stufa a legna perché all'epoca non avevamo ancora i caloriferi e men che meno la cucina componibile; chi si svegliava per primo la mattina doveva avviare la stufa con ceppi, rametti e carta. Papà la usava anche per preparare e scaldare il pane: io imparai ad accenderla e diventai una fumista provetta.

Anche nel salone avevamo un'enorme stufa di ceramica bianca che usavamo solo quando venivano a trovarci degli amici o dei parenti, oppure in occasione delle feste principali. Nelle camere faceva freddo perché non c'erano stufe, e la mia preferita stava nel bagno: creava un ambiente caldo, perché aveva uno sportello di vetro che faceva vedere il fuoco e dava un'atmosfera suggestiva che ti ipnotizzava mentre ti lavavi.

Con un solo bagno le discussioni scoppiavano ogni giorno per chi doveva entrare per primo e a volte si creava una rissa anche molto comica. Finché papà non decise di costruirne un secondo. E mentre c'era, dotò la casa di riscaldamento. Ci lavorò un'intera estate: passò tubi a vista e bocchette per tutte le stanze (un lavoro pazzesco visto che la casa era enorme) e fece un impianto perfettamente funzionante e una sala da bagno come dio comandava.

Riparava l'impianto elettrico, la sedia che traballava, la piastrella sbeccata e ricostruiva da cima a fondo una stanza: tutto ciò che lui toccava tornava magicamente a posto. Quante volte dal niente o semplicemente con il supporto di utensili inanimati arrivava a creare, grazie alla genialità e all'istinto, cose straordinarie, dei capolavori resistenti al tempo! Aveva una sensibilità che soltanto chi la possiede può capire e preservare, e tramandare alle generazioni future i segni del tempo che hanno fatto la nostra storia e il nostro patrimonio.

Da papà ho imparato a prendermi cura delle cose, a ripararle, a rinnovare tutto ciò che è possibile. «Chiudi il rubinetto, spegni la luce, sistema la tua camera.» Ogni volta che mi ripeteva queste frasi mi insegnava a non sprecare nulla, ad avere rispetto degli oggetti. Un paio di scarpe ci durava una vita. La sua macchina durò venticinque anni. Quelle attenzioni che oggi non esistono più: nessuno ripara i guasti, e sei obbligata a ricomprare tutto.

Oggi abbiamo troppi agi a disposizione, nei weekend siamo fagocitati dai centri commerciali e ne usciamo carichi di buste: cellulari nuovi, tv al plasma, pc sono i nostri giocattoli. E ancora: cappotti, abiti e scarpe che abbiamo già in abbondanza nell'armadio, griffati. Gettando in terra i mozziconi e le cartacce, torniamo nelle nostre abitazioni-celle contenti per le spese fatte, spesso superflue, con in mano solo un surrogato di felicità. E la cura della nostra anima, il nostro vero Essere, che fine fa in tutto questo?

Nonostante i suoi quasi due metri di statura, papà era protettivo, premuroso, onesto e nobile d'animo. Era un artista: sapeva suonare la chitarra e a volte ci faceva cantare nelle sere d'estate.

Dalla camera che dividevo con mia sorella Daniela vedevo la sera i due lampioni del giardino: mi sembravano due soli artificiali. Attraevano insetti e farfalle e da lontano sbiadivano un po' lo sciame di lucciole che ammantavano il giardino.

Sì, perché a quell'epoca c'erano ancora quegli insetti

stupendi. I campi e le vie ne erano zeppi ed era emozionante camminare in mezzo a quelle creature magiche. Le prendevi in mano e vedevi con stupore la codina che si illuminava a intermittenza. Tenendola in mano mi chiedevo "come fa ad accendersi?" e vedevo tutta la grandezza e il mistero di Dio in quel minuscolo esserino. A quel tempo gli elicotteri con il DDT passavano per sterminare le zanzare, ma ne facevano le spese pure le lucciole. Chi avrebbe oggi il coraggio di fare una cosa del genere?

Alcune notti per il caldo non resistevo alla tentazione e, mentre tutti dormivano, scendevo in giardino e volteggiavo con loro. Che caldo sulla pelle, che senso di libertà a ballare di notte con quella miriade di stelline!

Una sensazione che provavo solo in un altro momento: quando io e mia sorella giocavamo a spruzzarci con la pompa dell'orto, tra la fontana e i fiori. In pantaloncini e canotta combattevamo a modo nostro l'afa estiva, esagerata come il freddo durante l'inverno.

Nella mia infanzia c'è stato solo qualche flash di spensieratezza, non quel genere di indulgenza e accondiscendenza che oggi hanno molti genitori nei confronti dei figli. Quell'appagamento della semplicità che non ho più provato, quel piccolo mondo dei giusti che non tornerà più.

I miei non ci facevano mancare niente, ma il dialogo con noi non era la loro prima preoccupazione. Non c'erano coccole, spiegazioni, giochi o carezze; avevano un pudore atavico di smancerie e tenerezze. Ascoltavamo in silenzio i loro discorsi, non era educato interromperli e loro non ci coinvolgevano: molta etichetta e frequenti bacchettate. Sporadicamente alternate a momenti di allegria e leggerezza davanti alla tv in bianco e nero, quando c'erano delle commedie di Peppino De Filippo, Stanlio e Ollio, Gilberto Govi: lì ridevamo tutti e quattro come i pazzi.

Volevo bene ai miei genitori perché li rispettavo, ma vivevo nel terrore di essere punita o disapprovata: forse è per quello che non ho mai combinato guai in casa. Forse la grande forza che mi ha sostenuta in seguito è nata da quel rigore preventivo, esagerato.

Molti ragazzi oggi sono fragili perché hanno tutto, sono coccolati nella bambagia e lasciati soli, non conoscono regole, stanno sulle spalle dei genitori fino a quarant'anni, mentre all'epoca ti davano un'educazione in media molto severa, ti insegnavano subito un mestiere se non avevi voglia di studiare e ti stimolavano a farti una vita tua. Nel mio caso fu così: i miei, nella loro rigidità, mi diedero il desiderio e lo slancio per buttarmi nella vita.

Ho imparato cosa fossero famiglia, tradizione, rispetto, rigore, dovere. Un affetto senza fronzoli, ma genuino e solido. Prima di imbattermi nella vita con la V maiuscola. Lì si accese in me la voglia di andare lontano, di conoscere e di mettermi in discussione.

Quando arrivò il famoso terremoto, il 6 maggio 1976, i dintorni di Udine furono distrutti. Fu una grande prova che i friulani affrontarono con orgoglio e dignità. Come disse monsignor Pio Paschini, «nessuna terra italiana andò forse soggetta, attraverso i millenni della civiltà, a vicende tanto svariate e a prove tanto atroci». Alluvioni, invasioni, pestilenze, il disastro del Vajont: la mia terra ha subìto davvero eventi durissimi. Tutti questi momenti difficili hanno lasciato nel dna dei friulani una forza, una tenacia che li salva sempre, che li fa resistere.

La villetta della mia infanzia non resse al terremoto,

così i miei genitori decisero di vendere la casa e il terreno e trasferirsi in un appartamento. Per me niente più valzer notturni con le lucciole. Ma andiamo con ordine.

Un cuoco boxeur e una manager in giarrettiera

Mai coppia fu assortita in maniera tanto stravagante quanto quella dei miei genitori: tenero, ma energico, forte, ex boxeur dei pesi massimi, reduce di guerra e, infine, vigile urbano mio padre; inflessibile, volitiva, severa, pia e risparmiatrice, però direttrice di hotel con una gran testa imprenditoriale mia madre.

Il caso li fece incontrare una mattina: papà faceva già il vigile urbano e fermò mia madre per un'infrazione in bicicletta a un incrocio, solo perché lei sfrecciò a tutta velocità in sella a una bici rossa.

Papà mi raccontava spesso quell'incontro: sotto la pergola, d'estate, era uno degli aneddoti che ripeteva più spesso. Sapevo a memoria tutti i particolari di come lui aveva conosciuto la mamma, di come s'erano innamorati e, infine, sposati.

Iniziava sempre precisando che l'incrocio tra via Portanuova e via Bartolini era molto pericoloso a causa della curvatura che aveva una delle due strade: bisognava rallentare e guardare bene prima di passare, che si andasse a piedi, in moto, in bici o in auto.

Una mattina papà si sente un po' influenzato e potrebbe non andare al lavoro: con il freddo che faceva quel giorno nessuno si sarebbe azzardato ad andare in giro e quindi la mancanza di un vigile non sarebbe stata notata. Ma mio padre non è il tipo da restare a letto per qualche linea di febbre e, sfidando il gelo, decide di andare comunque al lavoro.

Arriva al Comando e gli vengono assegnate alcune pratiche da sistemare in ufficio. "Meno male," pensa "almeno oggi resto al calduccio." Ma un suo collega avverte che non può presentarsi al lavoro perché riparando il tetto è caduto dalla scala e si è rotto una spalla.

Tra tutti i vigili della città viene chiamato a sostituirlo proprio mio padre. Incarico del giorno: presidiare il famigerato incrocio tra via Portanuova e via Bartolini.

Il traffico è moderato così lui va su e giù per la strada per riscaldarsi. Ogni tanto saltella pure e batte le mani per riscaldarle mentre il freddo pungente gli intorpidisce pure le gambe e le braccia. L'amico del bar gli allunga ogni tanto qualche bicchierino di vin brulé, così gli viene un'aria un po' più spigliata.

A un certo punto vede una bici rossa che sfreccia a quell'incrocio pericoloso senza fermarsi allo stop. Fischia implacabile alla ciclista che si arresta subito, nel bel mezzo dell'incrocio.

Anche lei non dovrebbe essere lì ma l'hanno mandata fuori a fare una commissione improvvisa e urgente. Lei vuole tornare a casa presto, quindi va di corsa perché trova l'incrocio libero.

Il destino per una manciata di minuti li fa essere lì, alla stessa ora.

Mio padre non sa ancora che è la più bella della città, che ha tanti pretendenti ma che un giorno lui l'avrebbe sposata. Si avvicina a lei, si fa dare le generalità e la riprende: «Adesso vada, ma la terrò d'occhio!».

Da quel giorno in poi, si farà trovare a quell'incrocio, come lei, solo per il piacere di vederla sfrecciare e poterla salutare, per rivolgerle qualche parola, poi qualche complimento. Dopo alcuni mesi così, si sono fidanzati e dopo qualche anno sposati.

Ora capisco perché da piccola quella storia mi catturava così tanto: nella coscienza di bambina mi sembrava una favola! Il destino a volte dipende da un attimo: se mio padre avesse preso servizio cinque minuti dopo, loro non si sarebbero mai conosciuti e amati.

Il rapporto tra mio padre e mia madre, quella cosa a cui io devo il fatto che esisto, tutto questo è stato il risultato di una serie di avvenimenti che avrebbero potuto non accadere e della loro libertà, quel dire sì alle stesse circostanze in un modo tale che li ha resi davvero protagonisti.

La vita è un disegno che si realizza. Per strada penso ancora oggi che ogni persona che mi passa a fianco è frutto di una coincidenza misteriosa che genera la vita.

Di mia madre ho immagini contrastanti: lei che regala i nostri giochi ad altri bambini, lei che accudisce gli orfani di Udine, lei che fa l'imprenditrice, lei che ci porta in pellegrinaggio, lei nella foto del matrimonio, con un tailleur bianco tipo Chanel che si era cucita usando una coperta estiva trapuntata di cotone a cui aveva aggiunto un cappellino.

La famiglia di mia mamma era contadina. Era la quarta di sette figli che non venivano coccolati dai miei nonni che, anzi, usavano spesso il bastone per farli rigare dritto. Come le sorelle, aveva un temperamento energico e si dava un gran da fare per trovare lavoro; al contrario i miei zii erano miti e timidi. In particolare suo fratello Quinto era di una dolcezza incredibile! Aveva la faccia segnata dal sole, con i solchi di chi lavora la terra e degli occhi azzurri che sembravano rubati al cielo. Ogni tanto veniva a trovarci in città con un calesse e un cavallino, sempre con il basco in testa, timido e riservato; ci portava le primizie della sua terra: cesti pieni di fragole, ciliegie, mele e patate.

Arrivò un giorno con una mano sanguinante perché si era procurato un taglio mentre falciava l'erba: era venuto per farla vedere a mia madre. Aveva messo sulla ferita delle bucce di cipolla legandole con un fazzoletto. A vederlo in quelle condizioni mamma lo sgridò e, preoccupata, lo portò in ospedale.

Ricordo una Pasqua a casa dei nonni materni, in campagna: avevano un enorme podere rustico dove vivevano separatamente tutti i fratelli sposati (tranne mia madre), con il fienile, i bachi da seta, un grande cortile, le oche, i maiali, le mucche, gli asini. Sotto gli alberi avevano imbandito una grande tavolata con tutti gli zii e i nipoti. Durante il pranzo regnò un grande silenzio interrotto soltanto da alcune severe sgridate ai bambini forse un po' troppo molesti. Lì capii perché mia madre non riusciva a esternare l'affetto: chi non è stato amato non sa come esprimere l'amore, o lo concepisce in modo diverso. Non ricordo un abbraccio, una carezza o un bacio da parte sua, né un segno di approvazione o una lode.

Le piaceva stare in compagnia, ma non frequentava i salotti; era bella, ma non perdeva tempo a truccarsi. Non ho mai visto mia madre davanti allo specchio per più di cinque secondi, giusto il tempo di spazzolarsi i capelli.

Da piccina mi piaceva spiare mamma mentre si vestiva. Dall'uscio della camera intravedevo la sua immagine dalle ante con specchi del guardaroba e aspettavo come una specie di rito il momento in cui si sarebbe vestita e avrebbe indossato le calze di seta: l'unico momento in cui veniva fuori la sua femminilità.

Le portava con un'elaborata giarrettiera in pizzo, mentre Ofelia, la governante, con un semplice elastico.

Solo dopo ho capito che era un problema di condizione sociale ed economica.

A modo suo ci voleva bene, anche se contestava sempre tutto quello che facevamo. La sua maniera di amare me e mia sorella consisteva nel vestirci bene, nel darci una buona educazione, nel tormentarci con l'ossessione maniacale della pulizia e nel renderci indipendenti su tutti i fronti.

Quando penso a mia madre mi viene in mente un film del 1982, *Frances*, con Jessica Lange; narra le vicende di Frances Farmer, un'attrice teatrale e cinematografica della prima metà del Novecento. A impressionarmi di quella pellicola non è, però, la protagonista, ma la figura della madre, autoritaria e possessiva, contro la quale Frances lotta per tutta la vita per affermare la propria autonomia.

Mia mamma era spinta, sempre, dalla voglia di cambiare, aveva uno slancio vitale senza il quale cosa saremmo? Aveva l'idea di attrarre a sé il cambiamento del proprio destino.

Ricordo che una volta discuteva con papà, parlavano dei conti che non tornavano: non sapeva come arginare alcuni debiti – con scadenze imminenti e contratti per aggiustare la casa –, noi eravamo piccole e lei non trovava un lavoro, insomma sentiva l'insoddisfazione e la necessità di risolvere il problema di tirare avanti. Quelli erano tempi duri e, anche se lei faceva piccoli lavori come sarta, facevamo fatica. Papà uscì sentendosi quasi impotente, buttandola su una battuta: «Eh, amore mio! Qua dovremmo fare 13 al totocalcio!».

Forse quel giorno il destino sentì le parole di papà e si sincronizzò con noi dandoci finalmente un grande segno.

Quella mattina mi portò a fare la spesa con lei, avrò avuto sì e no quattro anni. Mentre lei stava facendo compere dal fruttivendolo, si avvicinò a me un pastore tedesco di razza, bellissimo, con un collare.

Mi misi a giocare con quel cane. Vedendomi con quella bestia enorme lei si spaventò e cercò di allontanarmi da lui per paura che mi mordesse; ma, ritornando verso casa, il cane ci seguì.

Mia madre s'intenerì e lo portammo con noi: gli diede da mangiare e bere. Il cane era di un signore svizzero, ricchissimo, che lo aveva perso di vista durante una sosta per fare benzina.

Di tutte le strade e i posti di Udine, il cane era venuto proprio lì da noi e non si mosse più dal nostro cortile.

Mio padre rincasò, lo vide ed esclamò: «Da dove salta fuori questo bel cane?».

«Mi ha fatto tenerezza, c'è venuto dietro e adesso è qua» rispose mia mamma.

«Ma un cane così non ce lo possiamo permettere! E adesso chi lo mantiene?»

Io cominciai a piangere: volevo tenerlo a tutti i costi.

A un certo punto, mentre stavamo cenando, papà si alzò dal tavolo come folgorato, e controllò se nel collare ci fosse una medaglietta, ma non c'era.

Corse a prendere la sua ventiquattrore nera.

«Cosa stai facendo?» chiedeva mia madre, non capendo quello scatto.

«Aspetta, aspetta, aspetta!»

Prese il giornale, sfogliò le pagine e le fece vedere un annuncio con la foto del cane che avevamo a casa. Il proprietario, pur di riaverlo, aveva messo un'inserzione in cui prometteva una ricompensa enorme a chi lo avrebbe ritrovato. Mamma fece un salto di gioia. Papà chiamò il proprietario ed ebbe quella somma incredibile.

In tempi di carestia fu una manna dal cielo, fu come fare tredici al totocalcio: brindarono a quel magico colpo di fortuna con il quale il destino ci aveva strizzato l'occhio. Con quei soldi mia madre, da buona imprenditrice, poté versare un anticipo per avviare un'attività alberghiera a Lignano Sabbiadoro, dando una svolta totale alla nostra vita.

Il buon Dio ci aveva dunque aiutato. Ricordo però che con la preghiera si andava veloci in casa: gli unici momenti in cui mamma manifestava il suo essere religiosa erano le visite agli ammalati e il pellegrinaggio al Santuario della Beata Vergine di Castelmonte. Una volta all'anno raggiungevamo la collina su cui sorgeva la chiesa con la Seicento di mio padre: in cinque!

A ogni curva a mia sorella veniva da vomitare e la governante Ofelia urlava in friulano perché aveva una paura esagerata che finissimo nel burrone, poiché era una strada stretta e tortuosa. Mio padre, scocciato, la minacciava di farla scendere: «Ma è mai successo qualcosa? Se hai così paura, vai su a piedi così ti fai un vero pellegrinaggio!».

Io sghignazzavo perché la scena era comica: andavo su quasi soltanto per quello spassoso momento. Era una gioia: io e mia sorella ci rincorrevamo per arrivare una prima dell'altra.

Al termine del pellegrinaggio ci fermavamo a mangiare ai piedi del poggio, in una trattoria fantastica che preparava tipici piatti friulani.

C'è un'altra occasione in cui ricordo mia madre in una situazione divertente e quasi buffa: una notte nel sonno mio padre le diede inavvertitamente un pugno.

Forse stava sognando i suoi incontri da boxeur... Successe il finimondo! Venne svegliato dagli schiaffoni di reazione di mia madre e lui innocentemente reagì ancora dormendo pur dinanzi a quella violenza inaspettata.

Un parapiglia che svegliò me e Daniela perché le molle del letto non tennero alla rissa e sentimmo un tonfo. Io e mia sorella, preoccupate, andammo a curiosare, e vedemmo mia madre con un occhio rosso rosso.

Venne fuori una rissa davvero comica. Che scena! Il giorno dopo l'occhio le era diventato così nero che portò gli occhiali per una settimana.

Non era un tipo arrendevole, mamma: se si metteva in testa una cosa, era fatta, però tutte le magagne le passava a mio padre che era un po' più pratico e colto. Lei prendeva i contatti, avviava le attività, poi mio papà le portava avanti, le metteva a posto, teneva i conti.

Nemmeno in tempo di guerra mia madre era rimasta con le mani in mano: venne assunta dai tedeschi – a malavoglia ma per spirito di sopravvivenza – nel palazzo del Comune da loro occupato per servire ai tavoli dei gerarchi più importanti e gestire la loro residenza. Così era riuscita a mantenere tutta la sua famiglia anche in un momento difficile.

Quando divenni famosa, mi venne voglia di portare i miei genitori a Roma. Convincere mio padre a lasciare il Friuli fu un'impresa. Volevo comprare una villa sulla Flaminia in cui riunire tutta la famiglia: moderna ma con molte stanze e soprattutto un enorme terreno, quasi un boschetto. Nel dubbio che la vita a Roma non piacesse ai miei, prima di acquistare la casa chiesi ai proprietari di affittarmela per un anno.

Da Udine arrivò la carovana: i miei, Daniela e mio cognato, e persino un cugino architetto che diede consigli sulla villa e incentivava mio padre a restare. Papà vedeva la bellezza di quella casa ma si sentiva spaesato. Io ero partita per girare un film e li avevo lasciati nella casa nuova. Dopo poco mi avvertirono che erano tutti finiti in ospedale per colpa dell'acqua non potabile.

Papà tornò in Friuli, da solo, stanco delle iniziative imprenditoriali di mia madre che invece si fermò a Roma per altri due anni: volle aprire un negozio di primizie e specialità regionali vicino al Pantheon. Nel periodo di Natale i politici compravano i cesti con le ciliegie (che all'epoca aveva solo lei sotto le feste), bottiglie di vino friulano, frutta esotica. Aveva un bel giro.

Per poter lavorare meglio, affittò un paio di stanze sopra il negozio, in un palazzo vecchissimo, quasi fatiscente.

Un giorno andai a trovarla. Suonai, la porta si aprì e... mi venne un colpo! Si presentò alla porta una vecchia signora: la brutta copia di Martin Feldman. Era la padrona di casa, un'anziana tutta rattrappita, con la gobba, gli occhi strabici, un grosso naso aquilino e il volto pallido, tutta vestita di nero. Sembrava uscita dal film *Frankenstein Junior*! Eppure, appena le chiesi se abitasse lì la signora Di Lazzaro, fui sorpresa da una voce così dolce e affettuosa che non aveva nulla a che fare con quella figura, raccapricciante e macabra come la casa stessa che affittava: mancava il riscaldamento ed era umida poiché aveva solo una stufetta elettrica! Io ero sconvolta di come mia madre si adeguasse a stare in tanta scomodità solo per abitare a pochi metri dal suo lavoro quando si poteva permettere ben altro.

Era un'attività redditizia, ma alla fine dovette cederla perché si ammalò. L'avevo vista mutare a poco a poco, era diventata debole e spenta. Andò a Udine per fare degli accertamenti e mia sorella e mio cognato presero il negozio in gestione. Purtroppo i medici non seppero capire subito che si trattava di un tumore e le fecero perdere tempo curandola per la menopausa e un esaurimento. Dovetti andare di persona in ospedale per chiedere che le facessero un check-up serio. Ma ormai era troppo tardi.

Dopo un anno e mezzo di tormenti ci lasciò. Prima di morire mi disse però: «Ti raccomando Christian: stagli sempre vicino!». Non c'era bisogno di quelle parole ma capii quanto era grande l'amore che lei riversava su di lui. Le sue fatiche terminavano così a cinquantanove anni. Sempre irrequieta e insoddisfatta, senza sedersi mai, senza avere mai fatto una vacanza, senza godere mai i frutti dei suoi sacrifici. Quando la vidi con gli occhi chiusi in quel lettino d'ospedale, ormai inerme, mi si strinse il cuore e piansi: avrei voluto sentire tante cose che nella sua discrezione era stata incapace di esternare; avrei desiderato poter ascoltare quella parte di lei che era rimasta un mistero inaccessibile e darle tutti quegli abbracci mai ricevuti e mai dati.

Feci allora una promessa: mi sarei sempre accontentata di quello che il futuro mi avrebbe regalato.

Mio papà veniva da una famiglia più agiata. Il nonno paterno aveva i baffi arrotolati alla Vittorio Emanuele ed era un grande giocatore di bocce, quasi un campione. Aveva la forza di un gigante e vinceva tutte le gare di braccio di ferro. Una volta trattenne con le mani quintali di neve che stavano per cadere da una tettoia sul recinto delle bestie. Un'altra volta portò un toro a piedi da Trento a Udine. Fu un evento per il paese.

La nonna Celestina era bellissima, con degli occhi magnetici, trasparenti. Di natura raffinata, aveva studiato dalle suore e quindi era più colta: a tutti i suoi figli aveva insegnato a scrivere. Mio padre aveva infatti una calligrafia perfetta che sembrava stampata. Dalla madre aveva acquisito anche l'eleganza e un po' di cultura.

Teneva sul comodino la foto del matrimonio dei miei nonni: lui una specie di tagliaboschi, lei una principessina. Le sorelle di mio papà erano donne molto belle e laboriose: ricamavano lenzuola e pizzi pregiati. Furono molto longeve. Il fratello di mio padre era un uomo ingegnoso, meno alto, più biondo, della stessa pasta di papà: è stato il mastro carpentiere che ha costruito l'autostrada del Sole. Erano molto uniti.

Papà era rispettato da tutti in città. Quando rientrava aveva sempre qualcosa da fare, ma non erano rare le volte in cui l'ho visto appartarsi e prendersi il suo tempo per leggersi un buon libro o gustarsi il giornale. Non era uno che andava al bar. Era tutto dedito alla casa ed era un cuoco eccezionale. Quando giocavo in giardino arrivava il profumo dei suoi manicaretti: era il richiamo, il segnale che il pranzo era pronto, un aroma irresistibile di cucina che apriva lo stomaco e rincuorava l'anima.

In fondo al giardino, in un capanno degli attrezzi dove si chiudeva ore a limare e saldare, teneva un paio di tinozze. Quando terminava la raccolta dell'uva, le tirava fuori e ci metteva i grappoli. Chiamava me e mia sorella e ci chiedeva di lavarci bene i piedi. Poi cominciava la festa: per ore pigiavamo l'uva nei tini. Le gambe andavano su e giù a schiacciare gli acini e sentire quello sfricchio sotto i piedi era una sensazione meravigliosa che non ho mai più provato.

Ci schizzavamo di succo da testa a piedi e, come una danza propiziatoria, ci prendevamo le mani e ballavamo dentro le tinozze, scherzavamo e mio padre ci incitava: «Forza, forza che questa è una buona annata e il vino sarà fantastico!».

Ne ricavava più di un ettolitro che bastava alla famiglia per tutto l'anno ed era gustato dagli amici che venivano a trovarci.

In queste occasioni amava raccontare la sua vita avventurosa. Era come andare al cinema a vedere le avventure di Indiana Jones: la guerra, l'Africa, gli incontri di boxe. Sì, perché da giovane mio padre era stato un boxeur dei pesi massimi. Aveva fatto incontri ad alto livello, anche con Primo Carnera.

Poi era partito per la guerra: destinazione Eritrea. Ma questa è una storia troppo lunga: spero un giorno di poterla raccontare per intero e come merita.

In quelle sere assaporavo davvero il piacere di stare in casa, di avere una famiglia. Pazienza se molte altre volte era una specie di caserma nella quale ubbidire e rigare dritto e dove poteva volare qualche schiaffone della mamma.

Vicino alla vigna, avevamo anche l'orto: quando era il momento di legare i fagioli e i pomodori, papà dava il filo anche a me e Daniela, e ci spiegava come fare. Vedevo gli ortaggi e la frutta nascere dalla nostra terra: era una magia! Ero affascinata dal fatto che potevamo mangiare quello che la terra ci dava e papà coltivava. Mamma faceva anche le marmellate con questa frutta: una goduria!

Ricordo che papà mi ha insegnato a non vergognarmi di quello che sono, a non strafare mai. Mi diceva: «Se tu fai il passo più lungo per far vedere agli altri chi non sei, fai una doppia brutta figura se lo vengono a sapere. Fatti vedere per quello che sei e sii orgogliosa!». Queste sono parole sante. Io non ho mai potuto sopportare le persone che si vantano di cose che non hanno. Lo trovo un bluff, e il bluff non mi piace. E non mi piacciono quelli che si vergognano delle proprie origini.

Mio padre si è spento a ottantun anni, cinque dopo mia madre. Stava ancora bene, era perfettamente lucido e dimostrava molti meno anni di quelli che aveva. Doveva operarsi di prostata. Mia sorella mi avvisò che già era in ospedale: io stavo girando un film, ma corsi da lui in un weekend.

Pensai di portare un registratore per fargli passare il tempo e distrarlo un po' raccogliendo tutti i suoi segreti di cucina: tante volte mi era capitato di volere rifare le sue ricette ma non mi ricordavo certi trucchi.

Chiamai mia sorella: «Di' a papà che verrò a trovarlo nel fine settimana». Ma a quel weekend papà non arrivò: gli venne un infarto inaspettato, in ospedale. Nessuno se ne accorse, solo una signora che era venuta a trovare suo marito e che, resasi conto che non rispondeva, avvisò gli infermieri. Ma era troppo tardi. È rimasto in coma per quasi due mesi, intubato, in un reparto dove c'erano altre persone che non avevano via di scampo alla morte, un posto davvero desolante, adiacente all'ospedale. La cosa più difficile fu dirlo a Christian perché lui era innamorato di suo nonno.

Quando arrivai mi recai direttamente da lui, in quella dépéndance più distante. Non c'era un via vai di infermieri o medici. Solo un lungo corridoio, con vetrate ocra che davano una luce macabra a quel posto spettrale, avvolto in un gran silenzio. Per trovare mio padre entrai nella prima corsia ed ebbi una visione desolante: lasciati a se stessi, in una stanza enorme semibuia, vegetali umani aspettavano la fine. Non pensavo esistesse un reparto così. Era il parcheggio per i moribondi.

Non trovavo la stanza finché non vidi sbucare mia sorella. Pensavo di essere pronta a tutto eppure trovarmi in quella corsia, davanti a quei corpi intubati senza ritorno fu traumatico, anche se ero ormai una donna adulta. Non sopportavo l'idea di vedere soffrire tutte quelle persone e in particolare quella che più amavo al mondo.

Con molta fatica sono entrata e ho visto subito la sua faccia così dolce, quel naso da boxeur, le sue mani grandi e operose: tutto bloccato, sospeso. Quell'uomo che io ricordavo enorme era adesso inerme, in quel piccolo letto d'ospedale ci stava a malapena. Mi sedetti sulla sponda, gli presi la mano e gli dissi: «Ciao papà, anch'io sono venuta. Cerca di farcela perché io e Daniela siamo perse senza di te, sei il faro della nostra vita».

In quel momento delle lacrime gli scivolarono giù dagli occhi chiusi e pure a me. Secondo i medici era in coma, ma per me quelle due lacrime sono state la muta presenza della sua anima. Ciò che è buio e invisibile come il coma non si riesce a decifrarlo e capirlo: è un mistero come sussulti di vita siano apparsi sul volto di mio padre mentre la morte lo aspettava.

È rimasto in bilico un giorno in più come se mi avesse atteso per salutarmi.

Furono momenti durissimi per me e mio figlio. Ci sentivamo orfani senza quel grande uomo e quando arrivammo per il funerale fu molto toccante. Soprattutto per me che vedevo Christian piangere per la prima volta. Si appartò e lo trovai singhiozzante dietro una colonna. Tra loro c'era davvero un amore grandissimo.

Al funerale c'era una folla enorme per rendergli onore, una folla che ricordava il comandante dei vigili che toglieva le multe ai poveri.

Il mondo entra in vicolo degli Orti

Avevo una visione distorta della realtà. Io e Daniela non eravamo abituate a socializzare con nessuno, stavamo sempre chiuse in casa, non uscivamo mai, mia madre non organizzava mai festicciole con altre mamme con bambini.

A scuola me ne stavo con la testa immersa nei miei pensieri: ero quel genere di bambina incuriosita dagli altri, ma tremendamente timida; tentavo di essere invisibile e spesso mi trovavano soprappensiero, mi facevo dei film e non seguivo le lezioni.

Ero la più alta e stavo nell'ultimo banco: già quello era un modo per isolarmi. La maestra doveva richiamarmi all'ordine e io tornavo per pochi minuti in classe. Per poi perdermi nei miei sogni pochi istanti dopo.

Quando entravo e quando uscivo da scuola mi sembrava di non appartenere a nessuno. All'uscita non mi aspettava nessun sorriso, nessun abbraccio, neanche il minimo cenno della gioia di vedere la faccia dei miei cari; non avevo nessuno a cui raccontare le mie giornate in classe.

Ho subìto la discriminazione di alcune maestre: la figlia di un personaggio importante era trattata meglio, arrivava accompagnata dall'autista, la maestra salutava la mamma e io e altre bambine restavamo estromesse dalle sue attenzioni. Io invece sollevavo la cartella e tornavo a casa da sola.

Vedevo il mondo solo dalle riviste che in casa non mancavano mai e dalla televisione: tutto mi sembrava dorato. Patinato come le grandi star di quelle immagini. Spesso emulavo il trucco e l'abbigliamento delle *mannequines* delle foto. Quando ero sola in casa mi divertivo a truccarmi come loro usando i cosmetici che mia madre aveva ma usava raramente. Mi sbizzarrivo con eyeliner e rossetti e appena sentivo la porta di casa aprirsi correvo in bagno a pulirmi per non prenderle di santa ragione.

Ero a metà strada tra Mary Poppins e Alice nel paese delle meraviglie: inseguivo i gatti nelle mie scorribande per le strade di Udine (da casa a scuola e viceversa) e correvo con le lucertole e le farfalle quando giocavo in giardino. Un giorno mi gettai dal balcone del primo piano con l'ombrello: credevo che avrei davvero volato come la magica tata del film. Me la cavai con una lussazione all'osso sacro e un bel po' di paura. Ecco la mia infanzia rigorosa, ma piena di fantasia in una cittadina di provincia dove aspettavo disperatamente di crescere, per potere un giorno volare via.

Il mondo reale irruppe nella mia vita quando i miei decisero di affittare una camera. La casa era grande e mia madre decise di sfruttarla: i soldi di una pigione le facevano davvero comodo e convinse mio padre a mettere un'inserzione.

Il primo a cui offrimmo ospitalità fu uno studentello di medicina. Si chiamava Paolo e rimase per otto mesi da noi. Stava sempre barricato in camera a studiare per cui il suo contributo al nostro mondo fu davvero minimo: solo mio padre si sentiva più tranquillo all'idea di avere un quasi medico in casa. Ma Paolo si fidanzò e trovò un'altra sistemazione.

Il suo posto fu preso da un giovane prete, padre Gianni, fresco di tonaca. Lui rimase più a lungo e portò in casa un'ondata di spiritualità incredibile: pregavamo mattina e sera, non c'era pranzo che non iniziasse con le sue benedizioni. Non fummo mai tanto religiosi come in quel periodo! È una figura che ricordo ancora oggi con molto affetto perché fu per me un esempio della vera religiosità, concreta, fatta di umanità, ben lontana dalla bigotteria e dal fanatismo. Quella religiosità che vuole annunciare l'amore di Dio anche alle prostitute, ai carcerati, ai deboli, senza alcuna discriminazione.

L'arrivo che più di tutti cambiò la nostra vita piuttosto monotona e chiusa fu quello di Corinne, un'infermiera dell'Ospedale civico.

Sulla trentina, una ragazza direi oggi, ma all'epoca mi sembrava già una signora. Era bella, con i capelli scuri molto cotonati, come si portavano in quel periodo, gonfi e laccati. Indossava sempre dei tailleur ricercati. Non era sposata ma aveva un fidanzato a Bolzano che le spediva una lettera alla settimana. Era molto affabile con me e mia sorella: era felice di rispondere alle mille domande che non osavamo fare ai nostri genitori.

Al contrario di nostra madre, Corinne passava un sacco di tempo davanti allo specchio, comprava i cartamodelli più nuovi per farsi cucire sempre vestiti alla moda, aveva un sacco di profumi e cosmetici che ai nostri occhi di bambine incarnavano il lato più seducente delle donne.

Oltre il lato frivolo, aveva anche un lato molto umano: ci raccontava alcuni episodi vissuti sul suo lavoro di infermiera, di come la medicina certe volte non fosse una scienza esatta. «Spesso i medici non capiscono le malattie,» diceva «vedono soffrire la gente e sono impotenti davanti al dolore, ma a volte anche indifferenti. Solo alcuni sono sensibili e umani.»

Corinne ci voleva bene come una sorella maggiore; un Natale regalò a me e Daniela due bambole meravigliose. A quell'epoca io avevo dieci anni e mia sorella tredici: fu lei a rispondere alle prime domande sull'amore, argomento tabù in casa. Per darvi un'idea: mia madre ci cacciava a letto quando due in tv alla sera si baciavano, urlando con tono repentino: «Queste non sono cose per voi, salite in camera e andate a dormire subito!».

In casa c'era un pudore esasperato e qualcosa a proposito di come nascevano i bambini e del perché due persone si baciavano ce lo disse Ofelia, la governante che si occupava delle faccende più faticose, una vecchia signora emiliana: simpatica, rossa di capelli, con due gambe magre magre e un po' storte, sempre in ciabatte e grembiule, con i capelli ricci e un po' scombinati, sempre sorridente, amante della bottiglia: insomma, un personaggio!

Ofelia cercava soprattutto di spaventarci: ripeteva che il rischio più grande per una ragazza era rimanere incinta (all'epoca era davvero una tragedia) e raccontava di continuo truci episodi, di come alcune donne dovevano rimediare con aborti clandestini lancinanti che a volte finivano male. Tutti quei suoi discorsi ci atterrivano e ci facevano sembrare il sesso un pericolo, qualcosa da cui stare lontane.

Corinne, invece, ci raccontava cose più tenere, dei baci, per esempio, ma ci faceva promettere di non riferirle a mamma e papà.

Intorno agli undici anni io sentivo che stava cambiando qualcosa nel mio corpo e nel mio sguardo ma non sapevo niente riguardo al sesso.

Non sapevo cosa fosse un bacio nemmeno quando ricevetti il primo, verso i dodici anni: c'era un ragazzo molto carino a scuola. Ci guardavamo in continuazione. Sentivo un'attrazione fortissima verso di lui ma non me la spiegavo. Non mi facevo molte domande, a dire il vero.

Un giorno ero andata fuori dalla classe prima che suonasse la campanella, per andare in bagno. Quando uscii dai servizi me lo sono trovata davanti. Lui mi aveva seguita e aspettata fuori. Mi ha guardata con i suoi occhi nerissimi, poi mi ha spinto dentro e mi ha dato un bacio, innocente. Quindi è scappato.

Io ero rimasta con gli occhi chiusi, appoggiata alla porta del bagno, con un'emozione che mi scuoteva per tutto il corpo, tornai a casa saltellando, non vedevo l'ora di raccontarlo a mia sorella.

Aspettai Corinne di rientro dal lavoro, tra la gioia e la preoccupazione che un bacio avesse potuto compromettere la mia verginità, nell'ignoranza più completa, e quando arrivò lei mi rincuorò spiegandomi che un bacio innocente non poteva farmi alcun male e mi spiegò alcune cose importanti.

Sono state le persone che entravano nella nostra casa a vario titolo a portare davanti agli occhi pezzi di mondo sconosciuto e ad accendere in me la curiosità di spingermi oltre quel portone.

Il tempo in cui sarei stata io a portare il mio sguardo in giro per le città e tra la gente non era molto lontano, ma dovevo ancora scoprire che non tutto era così dorato e semplice come a me allora sembrava.

Il diavolo oltre la siepe

Io e Daniela uscivamo pochissimo: giusto per la scuola e per qualche commissione. Mamma temeva che facessimo brutti incontri, che ci perdessimo, che ci capitasse ogni male possibile e immaginabile. Ci terrorizzava. Non sapendo che il diavolo poteva stare a pochi metri dal nostro cancello o addirittura in casa, vestito dei panni rassicuranti di un vecchio colonnello in pensione.

Un giorno, avrò avuto undici anni, trovai il vicolo degli Orti stranamente pieno di gente: polizia, vicini, curiosi. Era una via chiusa in fondo e quindi non c'era mai molto movimento, ci transitano solo poche persone che ci abitano. Mi intrufolo tra la folla e intravedo una barella; sopra un corpo di donna (una prostituta dilaniata dalle coltellate, saprò anni dopo) in un telo di nylon che storpiava la figura intriso di sangue, il viso tumefatto. Che orrore, che paura! Cosa era successo?

Ora che ho visto per la prima volta la morte, in questa maniera violenta, rabbrividisco e chiudo gli occhi per una frazione di secondo che a me sembra lunga un'eternità. Una signora mi urla di andare via, che quello non è posto per bambini. Scappo via, ma la signora ha ragione: lo choc mi resta addosso per lungo tempo e fa partire tante inquietudini nuove.

Il male vero lo conobbi in casa verso i dodici anni: aveva la faccia del colonnello Ferdinando che fu a lungo nostro dozzinante: vedovo, sessantasettenne, quasi senza parenti. Preferiva spendere la sua pensione in affitto piuttosto che restare solo. Consumava i pasti con noi, vedeva la televisione con noi, era entrato a tutti gli effetti nella vita familiare. Ai miei era sembrato perbene, una persona tranquilla.

Una mattina i miei erano fuori e lui scese a fare colazione. In questi casi ero io a sostituire mia madre e a mettere in tavola tutto il necessario. Gli verso il caffè e lui comincia a parlarmi in modo suadente, con un tono di voce che non gli avevo mai sentito prima: «Vieni qua, ti devo dire una cosa. Siediti sulle mie ginocchia».

Rimango un po' perplessa e mi ritraggo, vado a lavare i bicchieri facendo finta di non avere sentito. Lui riprende con aria sorniona. «Vieni qui ché ti regalo una bellissima collanina, l'ho comprata per te» e me la fa vedere.

«Dài, vieni vicino, siediti qui che te la metto. Non ti piace?»

Io dico: «No, no. Ho tanto da fare, devo mettere a posto i letti. Casomai me la darà più tardi». Ma avverto la sua morbosità, il suo occhio libidinoso, la sua voce suadente.

Mi giro e quando sono di spalle a lavare i bicchieri si alza e si avvicina. Troppo. È allora che scappo: lui comincia a rincorrermi, con la bava alla bocca. Il gatto col topo. Mi insegue intorno al tavolo. Urlando cose oscene. Io corro come il vento e mi chiudo in camera finché non tornano i miei.

Quando rientrano esco dal mio nascondiglio ma non racconto loro quell'episodio, non mi azzardo nemmeno ad accennarlo. Non c'era confidenza per una cosa così, quasi temevo che si arrabbiassero pensando che mi fossi inventata tutto: in fondo lui era un inquilino che pagava e a noi quei soldi facevano comodo, io invece, se lo avessi accusato sarei stata screditata.

Da quel momento era come il dottor Jekyll e mister Hyde, come se avesse perso la ragione per me: in presenza dei miei genitori e di mia sorella un vecchietto pacifico e a modo, da solo con me un maniaco. Più di una volta tentò di insidiarmi. Un giorno mentre giocavo mi seguì nel giardino: mi agguantò alle spalle in modo da non potermi nemmeno divincolare, così forte che mi lasciò il livido per parecchi giorni. In quel caso mi liberai con un calcio e fuggii.

Io avevo solo dodici anni. E fu proprio la paura la mia arma contro quello che non conoscevo bene ma che a naso mi sembrava sbagliato, sporco, schifoso. Come il colonnello che aveva una psoriasi alle orecchie e sul naso, e i capelli sempre pieni di forfora: chissà se era per colpa del pepe nero che a tavola macinava su tutto, senza misura.

Venne il giorno in cui mi liberai di quella presenza: ebbe un malore, lo portarono in ospedale, ne uscì malconcio, per poi finire i suoi giorni da un suo parente.

La mattina seguente mi svegliai e tutto mi sembrava diverso, la causa della mia angoscia non c'era più, al diavolo tutte quelle giornate da incubo, finalmente l'inverno se ne era andato con lui, era più vicino il tepore che virtualmente scalda oltre il corpo pure l'anima.

Sarà stupido, ma le margherite bianche che spuntavano nei piccoli angoli del mio giardino, mi sembrarono più degli altri anni un miracolo.

2
LA RAGAZZA CON LA VALIGIA PIENA DI SOGNI

Quello che vedo fa sì che io mi fidi
del Creatore per tutto quello che non vedo.
RALPH WALDO EMERSON

L'episodio del colonnello Ferdinando è stato decisivo per il mio futuro, me ne sono accorta anni dopo: in seguito a quella disavventura iniziai a maturare il pensiero di uscire da quella strada, lasciare la provincia, esplorare altre città, trovare il mio posto nel mondo.

Non riuscivo più a essere serena con i miei genitori, cominciavo a sentirmi costretta. Io che amavo quella casa enorme, soleggiata, immersa nel verde. Il tempo passava e avevo voglia di fare mille cose. Crescevo e contemplavo la gente, mi arrovellavo il cervello in domande che a nessuno potevo rivolgere. Chi sono? Che farò da grande? Sapevo che non sarei invecchiata in quella villetta.

Mi venne la curiosità, la voglia di aprirmi verso l'esterno, di comprendere, a costo a volte di non capire. E allora cominciai a esplorare i mille microcosmi che appartengono alle persone. Volevo scoprire ogni giorno una nuova sfaccettatura. Si apriva davanti a me una vita senza respiro, inghiottivo aria e vita insieme. Alle volte si quasi a soffocare. È meglio che soffocare di nulla.

L'arrivo prematuro di mio figlio fu la svolta. Mi era infatti capitato che quello che poteva essere l'amore della mia vita, mi portasse un frutto inatteso, ma benedetto, che mi stravolse l'esistenza a soli quindici anni. Dovevo mantenerlo e quindi fui costretta a uscire alla ricerca di un lavoro con il quale sbarcare il lunario. Se il colonnello era stato il presagio del diavolo, furono le prime esperienze lavorative a mostrarmi davvero la malvagità e l'egoismo di alcune persone.

A Udine ero cresciuta dentro una mentalità innocente così quando mi misi alla ricerca di lavoro ero armata solo di grande volontà e buona fede e con quelle giudicavo gli altri. Purtroppo a diciassette anni ero inesperta. Non immaginavo neanche che il mondo fosse pieno di lupi. Ho dovuto impararlo a mie spese.

Del mio nome esistono almeno due etimologie. Se si guarda all'ebraico, Dalila significa "povera, misera". Secondo il greco, invece, sarebbe "delicata, amorosa, desiderata". In effetti, nella mia vita ci sono state tutte e due queste strade: ho vissuto momenti molto duri, ma sono stata anche desiderata e amata. È incredibile! Ciascuno di noi si porta il destino scritto nel proprio nome. Così addosso che forse non riusciamo a vederlo. Se penso poi al mio cognome non posso fare a meno di cogliere il rimando a quel Lazzaro del vangelo cui Gesù ha detto: «Alzati e cammina». Strana coincidenza, se considero quanti problemi ho avuto nella mia vita per alzarmi e camminare con normalità in seguito ai due incidenti che ho subìto.

Cercando di capire il significato del mio nome a distanza di tempo, rifletto che, in effetti, all'inizio della mia vita ho tentato in tutti i modi di scalare una montagna molto ripida: avere un figlio giovanissima, dovermi mantenere, cercare l'indipendenza dai miei genitori. Quando mi sono immersa nel mondo la mia grande sorpresa è stata di essere così affascinante per gli uomini, desiderata in maniera così aggressiva da causarmi a volte dei traumi.

Tutto iniziò nella boutique dove lavorava mia suocera. Un giorno passo dal negozio mentre c'è un rappresentante di cappotti: un signore non più alto di un metro e mezzo. Si chiama Gustavo e la sua azienda si trova nei pressi di Verona. Cerca una modella. Mentre lui esibisce la collezione, mia suocera (che cercava da tempo di farmi lavorare) lo interrompe e dice in veneto: «C'è qua mia nuora, guardi che bella *tosa*!».

Lui mi guarda dalla testa ai piedi e concorda: «Bellissima ragazza, in effetti...». Ha uno stand con tutti i cappotti e mi chiede di provarli. È lì che cominciai.

Li indossai con disinvoltura. Leggendo mi ero fatta una cultura sulla moda, ero aggiornatissima su tutte le ultime tendenze e nello stesso tempo ero attratta da quel mondo: ero una fan sfegatata di Verushka, Twiggy, Jean Shrimpton, le prime top model famose! Quante volte mi ero chiusa in camera a provare di nascosto gli abiti di mia madre e a imitare le loro mosse quando sfilavano! E nel frattempo cantavo a squarciagola le canzoni di Mina, Rita Pavone, Caterina Caselli, Patty Pravo approfittando del fatto che non c'era nessuno in casa. Un po' di rossetto sulle labbra, i capelli cotonati e alzati ed ero pronta: mi ammiravo nel vetro della finestra, in controluce, o nello specchio dell'armadio e fantasticavo! Mi dicevo: "Anch'io poi alla fine non sono tanto male!".

Questi giochi da fanciulla mi tornarono molto utili in quell'occasione: guardavo i cappotti del rappresentante e anche se non avevo una lira li apprezzavo, già per il fatto di indossarli ero felice. In un attimo Gustavo mi assume come indossatrice: «Possiamo provare questa stagione, se vuoi». Dopo pochi giorni sarebbe cominciata una famosa manifestazione a Bergamo. Sarei andata con lui e con altre due ragazze.

Partiamo e arriviamo in un albergo dove nella sala riunioni avevano allestito con un séparé una passerella e gli stand. Sfiliamo e lui vende un sacco di cappotti. Impazzisce. Vuoi per i soldi guadagnati o per le tre stupende modelle al seguito! La sera ci porta a cena e fa lo splendido, promette di offrire lui per festeggiare gli affari conclusi. Capisco che ha un'attenzione particolare nei miei confronti, continua a dirmi: «Che belle mani che hai, che gambe meravigliose, begli occhi... Ma sai che sei davvero una bella ragazza? Potresti fare un futuro della tua bellezza... Ti ho osservato e ho visto che sei davvero tagliata per questo lavoro, con le gambe che hai saresti perfetta. Se tu mi ascolti e mi dai retta, ti aiuto io a fare una bella carriera».

Si siede al mio fianco insieme al suo vestito gessato e alla troppa brillantina che lucida i capelli brizzolati. Ha bevuto un po', mi mette una mano sulla spalla, mi si avvicina e mi sussurra all'orecchio: «Dài, stasera vieni a dormire con me. Ci facciamo un po' di compagnia, un po' di coccole...».

Mi allontano e lo spingo in là: «Ma è impazzito?! È ubriaco? Io sono una persona seria, ho famiglia! E anche se sono giovane mi deve portare rispetto!».

«Ma cosa c'entra, tutti possiamo fare delle follie ogni tanto...»

«Ah, proprio con lei dovrei farle? Io non sono la follia. Sono qui per lavorare, non mi rompa le scatole.» Lo zittisco per un po', poi riparte.

«Vieni su da me... Non ti tocco, vorrei solo avere un tuo piede. Ti giuro che non ti tocco con un dito, ma se mi dai un piede io impazzisco. Mi basta quello.»

«E che ci fa con il mio piede?! Ho sonno, sono stanca, mi lasci andare a dormire.»

«Non ti preoccupare... Ci penso io. So che hai dei piedi bellissimi. Te li ho visti nudi mentre ti preparavi per la sfilata e so che sono stupendi.»

«Ehi, basta! Se non la smette, prendo un treno e torno subito a casa!»

Anche se continuavo a rispondergli male, gli veniva difficile non tornare sullo stesso discorso. Voleva essere il mio amante. Mi prometteva mari e monti. Ma io ero inflessibile e cominciavo a perdere la pazienza.

Nei giorni successivi le altre due modelle vanno via e resto sola con lui: mi porta a sfilare in altri posti e spesso viaggio sul furgone con tutti i cappotti. Ci trasferiamo da un paese all'altro, dove lui ha gli appuntamenti. Tra Veneto e Lombardia, nelle province di Brescia e Bergamo soprattutto. Gustavo si fa sempre più insistente. Mentre guida, mi racconta la sua vita avventurosa, per affascinarmi. Una pizza infinita.

A un tratto ci sorpassano dei camion pieni di militari che vanno in esercitazione. Porto un vestitino corto corto in lana bouclé, alla Mary Quant, con gli stivali al ginocchio che si usavano in quel periodo insieme ai maxi cappotti. Stando seduta nel furgone le gambe sono per forza di cose un po' in vista e questi militari mi notano: giù fischi e apprezzamenti!

«Vedi quanto sei bella! Io ti ho vicina e non posso neanche sfiorarti, non riesco a convincerti.» Mi dava proprio il tormento.

E tira fuori una frase: «Se vuoi ti regalo un cappotto...».

«Il mio corpo non si baratta con un cappotto!» replico io, decisamente contrariata.

Un giorno si presenta con un braccialettino. «No guardi, non mi compra con nulla. Sono innamorata di mio marito, lasci perdere.»

Un'altra volta mi racconta: «Ti ho sognato, mentre mettevamo i cappotti sul furgone e abbiamo fatto l'amore!».

«Be', continui questi sogni! Lì si può sbizzarrire!»

Spesso mi afferrava le mani e me le stringeva. Io prontamente gliele tiravo via. Voleva a tutti i costi coinvolgermi. Era una vera palla al piede.

Quando entravamo in trattoria si pavoneggiava come un cappone per il semplice fatto di entrare insieme a una bella ragazza. Di fatto era ridicolo da matti perché mi arrivava sotto la spalla.

Forse se ne rendeva conto e un giorno, quasi per giustificare la sua altezza imbarazzante, mi dice: «Sai che il vino buono sta nelle botti piccole? Però io ero un bellissimo ragazzo da giovane. Ero alto un metro e ottanta».

E io: «Ah, sì? Con la vecchiaia ci si rattrappisce a questo punto?».

«No, no. La vecchiaia non c'entra. È stato un incidente grave. Durante la guerra. Passavo sopra un ponte e i tedeschi hanno lanciato una bomba. Io sono caduto e mi sono rincalcagnato di trenta centimetri.»

Feci fatica a non ridergli in faccia: «Be', allora mi devo preoccupare!». A chi non è capitato di cadere, di avere le vertebre scoppiate e di rimettersi in piedi cinque minuti dopo solo un bel po' più basso?

A parte questa parentesi comica continuava a darmi il tormento ogni giorno. A quel punto dovevo prendere una decisione: «Se non la smette, torno a casa e i cappotti se li vende da solo!». Non potevo permettermi di perdere quel lavoro così cercavo di resistere. "Finché riesco a tenerlo a bada..." mi dicevo.

Ci riuscii finché una sera non cenammo e io bevvi un bicchiere di vino buono. Una volta tornata in albergo dimenticai completamente di chiudere la porta della mia camera a chiave come avevo fatto tutte le altre notti. Mi ero appena addormentata. Non me lo vedo arrivare con un pigiama a righe, felpato, con la vestaglia e la brillantina puzzolente?

Mi afferra il tanto desiderato piede e comincia a massaggiarmelo. Viene fuori una colluttazione. Gli do un calcio dove non avrei dovuto e lui urla disperato: «Sei un'ingrata!» e nel frattempo si accascia per il dolore. «Pazza! Tu non lavorerai più con me, hai rovinato i miei gioielli.»

«Li tenga pure in cassaforte i suoi gioielli! Ma chi li vuole!? Adesso mi dia i miei soldi!»

«Non mi lasciare, ti prego, come farò con i cappotti?»

«Ci sono le altre ragazze!»

«Ti prego, non andartene, dobbiamo finire il lavoro.»

«Troverà qualcun'altra per sostituirmi. Io me ne ritorno a casa. Se non mi dà i miei soldi la denuncio alla polizia!»

Apre il portafoglio e me li butta sul letto. Li raccolgo, faccio la valigia in quattro e quattr'otto e scappo dall'albergo.

Una briciola di felicità

Arrivo in stazione che è quasi mezzanotte. Neanche l'ombra di un treno. Entro nel bar, mi siedo a un tavolino e mi faccio dare l'elenco telefonico per trovare una pensioncina economica e con una stanza libera. Tiro un sospiro di sollievo ma sono anche disperata perché ho perso il lavoro.

A un certo punto entra un ragazzo per comprare le sigarette. Mentre si sta bevendo un caffè, si gira verso di me, i nostri sguardi si incrociano. Mi vede con la valigia e da sola. Stuzzico la sua curiosità. Lui è bellissimo: una figura imponente, una faccia espressiva, studente forse. Si siede vicino a me e cominciamo a parlare.

«Hai perso il treno o aspetti una coincidenza?»

Ho paura che sia un altro rompiscatole. Resto un po' sulle mie.

«Ovvio, sto aspettando un treno.»

«Non è carino però che una ragazza aspetti da sola a quest'ora. Mi chiamo Luca, piacere.»

«Dalila.»

Comincia a dirmi: «Vuoi che controlliamo quando arriva il prossimo treno?».

«È inutile, ho già visto. Non ci sono treni per ora. Sto cercando una pensione.»

Parliamo del più e del meno. Poi lui dice: «Posso proporti una cosa? Ti sento un po' tesa, ma vorrei che ti fidassi».

«Dimmi.»

«Mi dispiace lasciarti qui da sola. Potresti dormire a casa mia e tornare domani in stazione.»

Io non ci penso proprio ad accettare aiuto da uno sconosciuto. Lui capisce la mia diffidenza.

«Non devi avere paura. Io sono una persona perbene. Ti rincuora sapere che c'è mia sorella che mi aspetta in macchina?»

«Come mai è qui con te in macchina?»

«Siamo stati a cena da amici e mi mancavano le sigarette. Se non ci credi vieni a vedere. Però, dammi retta, se vuoi ti accompagno con mia sorella alla pensione ma non stare qua. Sono del posto e posso dirti che le stazioni non sono dei luoghi sicuri per una ragazza sola, a quest'ora della notte.»

Mi prende la valigia e andiamo alla macchina – una Porsche! – e in effetti la sorella c'è ed è molto cordiale: «Le sigarette le vendevano insieme a questa bella fanciulla? Complimenti!» fa al fratello.

"Finalmente due persone sincere!" penso. Racconto la mia disavventura e sono stupiti.

Mi portano a casa loro e mi fanno sistemare nella camera degli ospiti. Lui è sempre gentile: «Domani ti accompagno presto in stazione e se vuoi ti potrei portare direttamente a Udine. Ho appena dato gli ultimi esami e sono libero».

«Eh, troppa grazia, domani vediamo!»

Dormiamo. L'indomani mattina facciamo colazione, conosco di sfuggita anche la madre, un'affermata avvocatessa.

«Ciao cara, vado di corsa perché sto andando in tribunale per un'udienza. Avremo modo di conoscerci meglio un'altra volta. Piacere di averti visto, ciao ragazzi.»

«Oggi vado fuori città. Rientro stasera» dice Luca.

«Va bene, ciao ciao.»

«Ti accompagno a Udine» continua lui.

«Ma io non posso presentarmi a casa con un estraneo!»

«Nessun problema: ti lascio alla stazione e da lì prendi un taxi.»

«A questo punto che dirti? Un enorme grazie!»

Ci mettiamo in macchina e partiamo. Il dialogo comincia e non si interrompe più. C'è un magnetismo fra noi, una confidenza immediata, come se ci conoscessimo da sempre. Lui mi riempie di attenzioni, mi fa stare bene, sento il suo interesse per me, è curioso di conoscermi. È intrigante, ma discreto ed educato. È spiritoso e premuroso: mi sembra strano che qualcuno si prenda cura di me!

Fino a quel momento io mi ero sentita poco protetta da chi mi voleva bene. Quella volta ho voluto staccare la spina dalla mia vita di doveri e perdermi per un attimo, senza "se" e senza "perché". Vivevo una vita da donna adulta, affannata per portare i soldi a casa, ma ero anche così giovane e già piena di responsabilità. Nessuno mi ha regalato niente!

Se dovessi dire in poche parole cosa significavano per me le parole adolescenza, libertà, gioco, spensieratezza, vacanze (mai fatte) non saprei cosa dire: sono nata come se avessi sempre una cambiale in scadenza. Davanti alla vita sentivo solo ansia, abbassavo la testa sempre di fronte a tutte le speranze e facevo fatica a sognare: ero già sposata, un figlio giovane, quindi non riuscivo a immaginare che mi potesse succedere granché. E con rabbia per tutto questo decisi di vivere quella gita come se il tempo si fosse fermato, per afferrare quello a cui avevo dovuto sempre dire di no!

E quindi Luca mi affascina. Ho come un senso di abbandono, per un secondo la fretta di tornare a casa mi passa.

All'epoca del resto non c'erano i cellulari, ma i telefoni a gettoni. Non c'era l'ossessione di chiedere a ogni minuto "dove sei? che cosa fai?". Non era facile rintracciarmi: partivo e quando tornavo, tornavo. Potevo fare dei percorsi di ritorno a casa liberi, meno controllata. Quando rientravo mi chiedevano come era andato il viaggio e il lavoro, ma senza telefoni non potevano smentire la mia versione dei fatti! In questa situazione per esempio, i miei genitori pensavano che io fossi ancora a lavorare con Gustavo, non sapevano che io lo avevo piantato in asso!

Luca mi propone di pranzare prima di arrivare a Udine. Ci fermiamo ad Aviano, verso Pordenone; ci indicano una trattoria molto particolare vicina alla base aeronautica americana: un ristorantino pieno di allegria, con le tende e le tovaglie a quadretti rossi, e pure il jukebox che suona in continuazione canzoni meravigliose degli anni '70: Aretha Franklin, Jimy Hendrix, Elvis Presley, i Led Zeppelin! Solo la padrona e i camerieri sono italiani, il resto del locale è pieno di militari americani, ragazzoni enormi, alcuni di colore, che avevano voglia di vivere, lontano dal proprio Paese: bevono birra, ridono e scherzano a voce alta. Per un attimo ho l'impressione di essere negli Stati Uniti!

Ci sediamo al tavolo. La signora si avvicina, prende l'ordinazione e va via. Mentre aspettiamo i piatti, non so perché, questi militari mettono la canzone di Jimmy Fontana, *Il mondo*. Luca mi chiede di ballare. Mi prende la mano, mi porta in un angolo, in quel posto assurdo. Mi stringe a sé e io chiudo gli occhi per la vergogna, però mi lascio andare. Ballo come in un sogno, sempre con gli occhi chiusi. Ballo, ballo, ballo. Continuo a sentirmi come in una favola. Lui è un ragazzo carino e galante. Avrei voluto che durasse per sempre!

Quando due persone non si conoscono si provano sensazione fantastiche. Allora c'erano i lenti, che magia! E che peccato che non si usino più: permettevano ai ragazzi di avere un contatto fisico, bello e sano.

Io vivevo una vita che non mi rappresentava e da cui mi sentivo estraniata, con mille privazioni. Era la prima volta che dicevo una bugia per prendermi un po' di libertà e vivere sensazioni sconosciute ma che volevo assolutamente sperimentare senza sentirmi in colpa.

La vita appartiene anche ai sogni, ma il disco all'improvviso cambia, di nuovo un suono rock. Allora apro gli occhi sotto la musica dei Rolling Stones. Ci avviciniamo al tavolo con gli gnocchi fumanti. Vedo su una parete della trattoria il telefono con il gettone. La mia angoscia. Casa. Mi si chiude lo stomaco. Lui mi chiede: «C'è qualcosa che non va?».

«Devo fare una chiamata.»

«Chiama e di' che stasera sarai a casa.»

«Come stasera?»

«Sì, oggi stai con me.»

Questa sua fermezza mi travolgeva: mi sapeva guidare verso l'emozione.

A fine pranzo la signora si avvicina: «Allora, come avete mangiato?».

«Benissimo, pure troppo!» fa lui.

«Anche il vino era buono e adesso c'è venuto un abbiocco...» dico io.

«Se volete stendervi, abbiamo cinque camere. Questa è anche una piccola pensione. Molte volte si fermano qui autisti e altri viaggiatori per passare la notte.»

La sua voce si dissolve tra la musica e i rumori del locale. Mentre parla, ci guardiamo fissi negli occhi. Quello sguardo emanava l'essenza di un sentimento che avrei desiderato non finisse mai. Non ci fu nulla da aggiungere. Chiese il conto. Io sto per uscire ma mi prende per un braccio.

«No, vieni con me.» Mi porta su per la scala. Io non

dico niente. Non so, mi faccio trascinare da quell'entusiasmo. Apre la porta, e senza dire una parola, con il rumore intenso del jukebox al piano di sotto, ci buttiamo sul letto, ci baciamo. Io di nuovo chiudo gli occhi.

In quello stesso momento un boato incredibile: due jet decollano dalla vicina base di Aviano. I vetri cominciano a vibrare, un vero terremoto. E in questo frastuono incredibile facciamo l'amore. Tre ore segnate dal via vai degli aerei militari. Che suggestione! La vita e la morte nello stesso momento: sento la forza di questi motori che portano in giro la guerra, ma portano a me la vita, il pensiero che questo è un sogno, che non ci sarà nient'altro che quell'istante. Quanto dura un giorno? Perché ce ne sono alcuni lunghissimi e altri che durano un attimo? Eravamo pronti a mangiare il calore dell'estate, quel sapore di sale misto a temporali che spogliava la notte di ogni desiderio e scopriva la passione che ci stordiva in una corsa pazza dietro a un'illusione. La fatica più grande fu rimettersi in viaggio; mi porta a Udine, io torno a casa. «Potrò mai rivederti?»

A fatica, con il cuore piccolo piccolo rispondo: «No». Tra me e me, mentre me ne stavo andando, pensavo: "Meglio lasciare le cose come stanno e coprire l'anima solo con quel panno prezioso che è l'emozione del momento".

Non l'ho più sentito né visto. Il sorriso e il buon cuore di quel giovane sconosciuto sono restati a lungo nella mia testa, insieme alla dimostrazione che la vita a volte è più forte dei nostri programmi.

Che miracolo sarebbe toccare, assaporare una felicità come quella, anche per qualche istante, ogni giorno! Si vivrebbe per quello, aspettando il momento magico e gonfiando il cuore. E poi non è quello che tutti desideriamo?

Il destino è spesso strano: le persone si incontrano e potrebbe essere per sempre, ma il percorso segnato per loro è diverso. A volte le anime belle si sfiorano solo, si riconoscono, ma poi devono staccarsi. Seguendo ciascuna la propria scia.

Rapita da un insolito destino

Possiamo imbatterci per fatalità sia nella parte chiara sia nella parte oscura dell'individuo. Lo imparai continuando a lavorare: tutte le *avances* e le pressioni subite fino a quel momento erano state solo un preludio.

Camminavo sempre velocemente con la testa bassa, senza mai guardare nessuno, per la mia timidezza. Forse perché non volevo provocare gli sguardi, ma li attiravo comunque.

A pochi anni dalla rivoluzione sessantottina, in provincia le donne si trattenevano ancora nel concedersi, al massimo lo facevano solo in caso di fidanzamento perché non c'era ancora la pillola, e gli uomini si davano un gran da fare per conquistarle, per metterle al centro dei loro pensieri, spesso in modo pressante.

Io feci un matrimonio riparatore a soli quindici anni, anche se ero innamorata, e mi trovai immediatamente madre, moglie e da sola a sbarcare il lunario, perché mio marito era stato chiamato a fare il servizio militare.

Iniziai a fare l'indossatrice; andavo dove le case di moda mi chiamavano, spesso a sfilate di aziende riservate ai rappresentanti, clienti che acquistavano i capi di abbigliamento all'ingrosso e poi li rivendevano ai negozi al dettaglio. Feci anche delle pubblicità locali per occhiali e parrucchieri. In alcuni casi dovevo allontanarmi da Udine.

Così a diciassette anni iniziai a girare per il Nord Italia, con un nullaosta per potere viaggiare liberamente visto che ero sposata ma minorenne. Una preda molto facile per i male intenzionati. Fu a uno di questi defilé, a Torino, che il destino rappresentò ai miei occhi una drammatica avventura che potrei intitolare *Dell'ingenuità e della violenza*.

Con un colpo di fortuna all'inizio degli anni '70 vengo chiamata a sfilare per diversi giorni a Torino, per la ditta Schiapparelli, al Salone Mercato internazionale della Moda: l'appuntamento più importante prima che venisse creata la settimana della moda di Milano.

Sono la più piccola delle cinque modelle, sfiliamo a ruota: gli stessi abiti per ore, mai un minuto di tregua, sempre in passerella.

Anche se sono così impegnata a lavorare, dopo un po' noto un dettaglio: a ogni sfilata il pubblico si rinnova ma rimane lì per ore un uomo sui quarant'anni. Resta lateralmente alla passerella, in fondo, in modo che io lo possa sempre vedere appoggiato a una colonna. Non mi stacca mai gli occhi di dosso; occhi nerissimi, inquietanti, che mi seguono assiduamente.

Siamo in tante a mostrare i diversi modelli ai compratori, ma lui guarda solo me: è come ipnotizzato. Ma anch'io lo osservo: non mi piace e spero che se ne vada. C'era un momento di pausa e ne approfittiamo con le altre modelle per andare a mangiare o a bere una cosa.

In un break del penultimo giorno della rassegna, si avvicina a noi con la scusa: «Vi posso offrire qualcosa da bere? Anch'io sono un rappresentante».

E le ragazze, in coro: «Ah sì, grazie! Che gentile!».

Poi mi si avvicina. Dice che ha notato la mia bellezza e la mia bravura: «Rappresento una grossa azienda con sede a Genova e sto proprio cercando una ragazza come lei, per dare risalto a capi così belli ed eleganti che solo lei può indossare. Le andrebbe di lavorare per me?».

Istintivamente sento di dirgli un no secco. Ma lui incalza: «Guardi che senz'altro sarebbe per lei un'occasione importante!».

E io, decisa: «Per quale motivo?».

«Non so qui quanto la pagano...»

«Anche se mi pagassero di più, io non potrei venire a lavorare a Genova, vivo a Udine, sono qui solo per pochi giorni, ho delle responsabilità, sono sposata e ho un figlio piccolo.»

Ribatte con più insistenza: «So che normalmente le modelle per i rappresentanti prendono dalle cinque alle ottomila lire al giorno, invece con noi ne prenderebbe venti».

Sentendo questa somma, all'epoca impensabile per il giro di lavoro che avevo a Udine, rimango stupita, anche se l'idea di dovere andare ancora lontano da casa mi spaventa. Penso tra me e me che però ne vale la pena, che forse riesco a organizzarmi. Senz'altro portare più soldi a casa mi sarebbe utile, visti i problemi che ho.

Lui insiste, dice che è l'occasione per farmi conoscere nelle aziende giuste, col mio fisico posso dare una svolta alla mia carriera magari facendo delle pubblicità grosse e guadagnare di più, lui organizzerà tutto.

Quel guadagno è un sogno, ma per istinto non mi convince, mi sembra che nasconda qualcosa e lui in particolare non mi ispira fiducia. Vorrei scappare, chiudere lì la conversazione e rifiutare l'offerta. Poi concludo: «Mi dia il suo numero di telefono, la richiamerò». Ma lui mi interrompe: «No, mi dia lei il numero di telefono che parlerò con l'azienda e se accettano la richiamerò io!». Penso che in fondo non c'è nulla di male. Devo solo dargli una risposta!

Al mio rientro, mi consulto con mia sorella che non ha dubbi: «È un'occasione Dalila, non ti capiterà più, accetta che magari poi viene fuori un lavoro pure per me».

È difficile allontanarmi con un figlio piccolo che mi tengono mamma e papà. I soldi che guadagno li do interamente a loro perché mantengano me e Christian. Non dico niente ai miei. Non posso dire che vado a Genova, non mi farebbero andare. Sono piccola. Con la paura, ma anche con la voglia di andare avanti.

Mi chiama un giorno, verso le undici. È mia sorella che prende la chiamata. Fino all'ultimo è come se qualcuno mi suggerisca di rifiutare, un presentimento, una specie di brivido alle spalle.

A volte il destino ci parla attraverso il nostro corpo: un mal di pancia, un dolore, un brivido; assume i panni del nostro istinto più irrazionale. Fu così quella volta, ma io non seppi capire il messaggio.

Daniela mi lancia il telefono. E dice: «Accetta, ti aiuto io!».

Io sono riluttante, ma stringo i denti e rispondo. Dalla cornetta mi arriva una voce che mi indispone.

Con poche frasi ci diamo un appuntamento per il lunedì successivo, ma sento un peso addosso.

Lui incalza: «L'aspetto, prenda il primo treno per Firenze, la verrò a prendere io», mi dice in modo troppo impostato e perentorio. Al punto che non riuscivo a ribattere niente.

Nel frattempo avviso i miei che ho avuto un lavoro ben pagato e devo stare via cinque giorni. Mia madre mi dice: «Meno male che ti pagano bene, cerca di farti valere perché dovrai avere un lavoro per mantenere tuo figlio in futuro».

Quelle parole mi rimangono nell'orecchio per molto e mi danno la spinta per affrontare anche quest'avventura.

Per essere a Firenze a mezzogiorno mi tocca svegliarmi all'alba. Parto alle quattro del mattino. Il treno fa tutte le fermate fino a Venezia per poi cambiare per Firenze.

Arrivo alla stazione di Santa Maria Novella tutta tirata, perché da una parte volevo crederci in quell'opportunità di lavoro ormai che ero in ballo: come una grande *mannequin*, con un cappello nero a falda larga, bionda, maxicappotto nero, stivali al ginocchio neri, minigonna nera con un cuoricino in vita rosso, maglioncino nero. Non so come mi è venuto in mente di vestirmi così: sono elegante, ma vistosa, attiro gli sguardi neanche fossi stata una diva! Viaggio in un angolo, con il cappotto abbottonato e il cappello sulle mie ginocchia. Penso che arrivi con qualche dirigente dell'azienda e ci tengo a fare una buona impressione.

Si fa trovare puntuale in stazione, ma da solo. Ci rimango male. Lui però è molto gentile; prende la mia valigia, la carica su una Mini Morris e ci avviamo verso Genova.

Non posso fare a meno di pensare: "Che strano che un rappresentante venga con la Mini, invece che col pulmino e gli stand dietro..." e glielo faccio presente.

Lui risponde: «Le avevo detto che l'azienda è a Genova. Ci aspettano in ufficio per conoscerla, lì cambieremo l'auto con il furgone e andremo al primo appuntamento».

Sarà, ma io non capisco perché mi ha fatto venire a Firenze e rimango un po' inquieta e interdetta. In poco tempo usciamo dalla città e imbocchiamo l'autostrada.

Lui è da principio molto cortese: mi fa dei complimenti, mi ringrazia perché ho voluto accettare il lavoro, poi mille domande: «Sfila da tanto tempo?», «è sposata da molto», «è mai stata in Liguria?».

Mentre conversiamo e rispondo alle sue domande, mi cade l'occhio sul polso sinistro che tiene il volante. Vedo dei tagli sottili, a decine. Per lungo, fatti probabilmente con una lametta. Mi si accappona la pelle, ho un lampo di sgomento e rimango turbata.

Adesso sono io a essere curiosa: «Da dove viene? Mi parli di lei».

Ostenta sicurezza e un'importante posizione sociale: «Ho studiato, sono molto colto, vengo da una famiglia altolocata». Stento a crederci. Origine prestigiosa e studi a parte, resta comunque un rappresentante. Qualcosa non torna.

Continua a guidare, ma comincia pian piano a cambiare tono e con fare morboso mi chiede: «Hai le calze chiare, e sotto hai l'intimo? Di che colore?».

Penso: "Ecco ci risiamo! Allora tutti i rappresentanti hanno una cosa fissa in testa... Quella di portarti a letto!".

E gli rispondo: «Sono fatti miei e perché ti interessa? Te lo chiarisco subito: se è importante per gli abiti che devo indossare te lo dico, ma se è una tua curiosità, mettiti il cuore in pace, sono già sposata e non voglio rogne».

Io credo alla compagnia dell'anima e alla bellezza interiore e la vita invece non si preoccupa che del mio corpo. Quale destino è il mio! Se ogni speranza gioca d'azzardo, a che vale questo desiderio di piacere che mi tormenta e mi insidia in maniera costante e sottile?

Cerco di cambiare discorso e gli dico: «Non mi hai detto dove vivi e in che città sei nato... sei fidanzato?».

E lui comincia a farsi una bella risata: «Ah ah ah! Allora ti interesso? Vivo a Firenze e sono nato a Parigi e lì vorrei tornare. Lo sai che ci sono dei club privé molto divertenti e molto erotici? C'è un club dove mi piacerebbe portarti per fartelo conoscere».

Io rispondo: «Non ci tengo affatto!».

E lui mi sprona: «Con tuo marito non fai cose erotiche? (con una risatina subdola). Perché non me le racconti?».

«Le cose che faccio con mio marito sono cavoli miei e poi non le vengo a dire certo a te! Cambiamo discorso, vorrei sapere di più su questo lavoro.»

«E invece me lo dirai!»

Corre a manetta su quell'autostrada e a un tratto allunga il collo e si avvicina al mio orecchio e mi sussurra: «In tutti questi giorni, mentre ti aspettavo, mi masturbavo, al pensiero di averti qui con me».

Lo spingo al suo posto con violenza: «Smettila o scendo al primo autogrill!».

Inizia a sterzare da un capo all'altro della strada a 150 km all'ora e mi urla con occhi sbarrati e irriconoscibili : «Prova a scendere di qua, ormai sei mia!».

All'improvviso capisco chiaramente di essere caduta in una trappola. L'espressione del suo viso è delirante. Impaurita, non riesco neanche a guardare la strada, comincia a battermi forte il cuore.

«Togliti gli slip, voglio sentire il tuo odore!»

A quella frase rimango sconvolta.

«Adesso sono io il tuo padrone e faccio quello che voglio!»

Mi arriva un ceffone.

«Quando io ti dico una cosa la devi fare» intima, guardando me e non la strada.

Attonita per la situazione che si era creata urlo: «Vuoi andare più piano per favore?».

E con fare minaccioso, mi fa una proposta delirante.

Con una voce stridente grida e incomincia con la mano destra a togliersi le croste che aveva sul polso facendosi uscire del sangue: «Se non ti vuoi levare le mutande, adesso ti tocca leccare il mio sangue!».

A quel punto non riesco più a respirare, la situazione è molto peggiore di quell'impressione negativa che avevo avuto conoscendolo. Adesso devo capire come venirne fuori.

Il sangue gli scende imbrattandogli le mani e la camicia. «Vieni qui! Lecca il mio sangue!»

Guardandolo mi viene voglia di vomitare. Ho voglia di aprire la portiera e gettarmi giù dalla macchina. Faccio un tentativo di forzare lo sportello. Lui se ne accorge e mi afferra per i capelli per portare la mia testa sui suoi tagli e leccarli e nel frattempo mi insulta.

La Mini schizza velocissima, ho paura che perda il controllo, ma forse no: uscire di strada sarebbe meglio di quello che sto subendo! Nello stretto abitacolo va in scena il dramma della follia.

«Adesso non puoi scappare, sei mia!»

In una frazione di secondo, mi sento ingannata da me stessa e di non aver dato ascolto al mio istinto: che cosa sarebbe successo della mia vita? In un lampo la rivedo tutta, come se la stessi perdendo. Che fare davanti a tale violenza? Molla la presa sui miei capelli e mi accorgo che ho la faccia piena del suo sangue. Con la mano cerco di togliermelo. Tra la paura e il disgusto, mi vengono dei conati di vomito. E lui: «Ti fa schifo il mio sangue?» e con aria schizofrenica, guardandomi si lecca il polso.

«Vedrai che il tuo sangue non mi farà schifo!»

Con una muta preghiera, chiedo a Dio di aiutarmi. Urla ridendo, facendomi sobbalzare sul sedile.

«Adesso andiamo a Ventimiglia così saremo vicino al confine e non potrai andare da nessuna parte né chiedere aiuto!»

Schiaccia sempre di più l'acceleratore, evitando le altre auto per un pelo, rischiando di colpire lo spartitraffico o di sfondare il guard-rail e cadere dalla scogliera. Attraverso il finestrino guardo l'immensità di quel meraviglioso blu del mare e mi sgomenta il pensiero di come farò a uscire da questo inferno. Devo trovare una scusa, devo inventarmi qualcosa, devo, devo, altrimenti mi scoppia la testa. In un lampo mi viene un'idea: fare la vittima. Con aria rassicurante, dico allora: «Perché mi fai tutto questo? Calmati. Non ti preoccupare, a chi dovrei chiedere aiuto?! Resto con te!». Riesco a fingermi tranquilla, ma è solo una maschera. Riprende con gli insulti misti a cose sconce: mi chiede di baciarlo mentre sta guidando, di accarezzarlo dovunque, di farlo godere. Non so davvero come venirne fuori.

«Ti faccio tutto quello che vuoi, però tu non farmi del male!»

Cerco di accarezzarlo e gli bisbiglio: «Se voglio sono molto gentile e buona, cerca di esserlo anche tu con me! Ho sete, ho fame e devo andare al bagno! Tu non hai fame? Io sono a digiuno da stamattina!».

Ma quello non vuole intendere ragione e per convincermi meglio da sotto il sedile tira fuori un coltello a serramanico.

«Non fare la furba, con me non attacca. Se non fai quello che dico o se scappi, io ti ammazzo!»

Mi rendo conto che sto precipitando in un baratro oscuro. "È la fine," penso "mi ucciderà e nessuno lo verrà a sapere." Mi vedo già morta, il corpo dilaniato dal coltello, fatto a pezzi e lanciato in mare. Quante volte si leggono nelle cronache dei giornali queste cose!

Non posso contraddirlo. Mi prende la testa e mi costringe a fare quello che non vorrei, con un disgusto e un terrore paralizzante. Mentre lui guida. Come un pazzo.

Proseguiamo sempre lungo la riviera ligure, è quasi buio. Sono sveglia dalle quattro del mattino e non riesco più a tenere gli occhi aperti, anche se ho ancora la prontezza di gestire la situazione con l'adrenalina che ho addosso.

Ci riprovo con le buone: «Ti prego, anzi, ti supplico, fammi dormire, dammi qualcosa da mangiare e bere, sono morta. Poi farò tutto quello che vorrai».

Si infuria ancora di più: «Così scappi! No, dobbiamo passare Ventimiglia. Così sono sicuro che in Francia non ti troveranno mai più».

Prometto: «Non scappo, dove vuoi che vada!? Hai tutto tu, le valigie, il passaporto, i soldi». Mi metto a piangere. C'è silenzio per un attimo. Ne approfitto per convincerlo a fermarsi.

Scivolo con le ginocchia sul pavimento della Mini e piangendo lo supplico: «Ti prego, fermati» e lo accarezzo sul braccio.

«Siediti e stai ferma. Ci devo pensare.»

Dopo un po' esce dalla strada principale e continua a seguire una via costiera. Una piccola frazione. Proprio su uno strapiombo vede una villetta, una di quelle occupate solo d'estate, per le vacanze, da qualche famiglia borghese. Forse sa che è disabitata perché ha previsto tutto oppure è un colpo di fortuna, non so.

Accosta la macchina, spegne i fari e penso: "Chissà cosa mi farà adesso, che ne sarà di me?". Ho il panico addosso. Guardo in giro e cerco di capire dove sono e come potrei scappare.

Decide che quello è il posto giusto dove passare la notte. Spacca un vetro di una finestra per aprire la serratura e con dei frammenti mi minaccia: «Non fare la furba, non scappare perché io ti corro dietro e ti elimino. Adesso andiamo dentro e dormiamo qui».

Mi afferra un braccio con forza e mi trascina all'interno, ma io mi taglio con i vetri. Ho ancora le cicatrici. Con una torcia presa in macchina cominciamo a guardare questa casa, tenendomi sempre per il braccio; quasi al buio, mi fa salire delle scale, ci troviamo davanti a una porta chiusa a chiave, la apre, è disabitata, tutto è coperto da teli bianchi.

Ci sono altre porte, lui ne apre una, troviamo una camera da letto. Mi chiude a chiave e sento che trascina un mobile dietro alla porta; andandosene mi dice: «Ti chiudo dentro, fa' che ti ritrovo se no ti vengo a cercare e ti ammazzo». Fa freddo ed è umido, non c'è corrente, ma trovo la finestra, la apro. Affaccia su uno strapiombo sul mare. "Noooo, non è possibile... tutte rocce!" Nessuna via di fuga. Ha studiato davvero tutto.

"Che faccio? Mi butto? Magari evito gli scogli e mi salvo, oppure mi schianto e muoio..." Sono nel panico più totale, così sono costretta a restare nella cameretta con una angoscia terribile.

Dopo un'ora torna con panini e acqua. «Mangia, mangia. Ché stasera io e te avremo una grande serata! Farai tutto quello che ti chiederò.»

Mi lega al letto. Brividi su per i muscoli, i denti battono da soli, per la paura e per il freddo.

«Faccio quello che vuoi, dimentico la mia vita, ma non mi fare del male, per favore!»

Comincia a baciarmi e mordere dovunque, mi passa il coltello sulla fronte, in bocca, sul seno, più giù. Mi sembra che da un momento all'altro voglia affondare la lama nel mio corpo. Mi fa di tutto. Sussurra cose volgari. Lo assecondo perché temo che mi ammazzi. È isterico, ma anche impotente. Mi morde i capezzoli. Urlo per il dolore.

«No, deve piacerti!»

Mi dà dei morsi fortissimi. Dopo un'estenuante appagamento suo, si addormenta. Io però, sono ancora legata per un polso. Lentamente riesco a liberarmi. La paura sempre addosso. Come un film di Hitchcock: ti muovi e senti la coltellata imminente alle spalle. Meno male che c'è il marmo per terra e posso sgattaiolare via in silenzio. Passo dopo passo.

"Se mi scopre, al limite gli dico che mi scappava di andare al bagno."

Vedo una presa del telefono, ma l'apparecchio non c'è. Esco dalla stanza perché non ha chiuso la porta. Cerco a tastoni la porta d'ingresso dell'atrio delle camere, quella che va giù per le scale, ma è chiusa a chiave. Trovo una seconda camera e mi chiudo dentro. Apro la finestra e anche quella dà sul mare. A denti stretti mi viene da urlare... "Vaffanculo." Le mie preghiere stasera non sono ascoltate. Perché il destino mi fa questo? Ho un attimo di svenimento, mi appoggio sul letto e stravolta crollo. Il tempo del buio e della luce: in questo fulmineo alternarsi di paura e di speranza mi addormento.

La mattina seguente mi sveglia di soprassalto battendo i pugni sulla porta: «Dove sei? Apri!».

Mi rendo conto che sono ancora prigioniera di questo incubo.

Cercando una scusa dico: «Mi scappava la pipì e non ho più trovato la stanza. Come vedi non sono scappata. Sono ancora qui!».

«Io ti ammazzo!» urla.

Sotto la porta mi mostra il coltello. «Lo vedi? Te lo infilo in pancia!»

«Ti prego, non fare questo. Apro la porta, ma ti scongiuro, non farmi del male.»

Il tira e molla di urla e suppliche continua finché arriviamo a una specie di compromesso.

«Adesso apro, ma ti prego calmati e non spaventarmi.» Inerme, davanti a tutta questa violenza non so più che fare e apro la porta, abbandonandomi al destino.

Si mette a piangere, comincia a sbattere delle cose e a urlare frasi sconnesse. Non capisce più niente. Mi afferra e mi mena a sangue, mi dà tante di quelle botte! Il giorno prima ero partita che sembravo una diva e in poco tempo mi ha ridotto a un mostro: le calze rotte, il maglioncino macchiato di sangue, lividi su tutto il corpo, il viso tumefatto.

«Scappa un'altra volta e ti uccido e ti sfiguro la faccia, così nessuno ti riconoscerà! Vuoi capire che ormai sei mia?! Sei la mia donna, sei tutto per me!» Un delirio.

Ci rimettiamo in macchina.

A un certo punto esplode in un'imprecazione: «Cazzo, manca la benzina!».

L'occasione che cercavo per scappare da quell'incubo.

«Allora, guarda... Se ti muovi...» Tiene il coltello a portata di mano.

«Se tu fai "A" oppure "O", ti sgozzo! E quando sei un cadavere ti butto dalla macchina.»

«E chi si muove?» replico, cercando di ostentare pacatezza.

Chiede il pieno di benzina e controllo con la coda dell'occhio la situazione: c'è un po' di gente, soprattutto dentro il bar della stazione di servizio e dentro la trattoria attigua.

Tira fuori il portafoglio per pagare il benzinaio. In quel secondo apro di scatto la portiera e mi lancio fuori. Cado quasi per terra, ma corro come una pazza urlando: «Aiutatemi! Aiutatemi! Vi prego!».

Tutti guardano la scena allibiti e riesco a entrare nel ristorante. Vedo una porta, mi fiondo dentro e vado a sbattere contro un uomo enorme, il cuoco.

Mi aggrappo a lui: «Mi aiuti, un pazzo mi tiene segregata da due giorni. La prego, mi aiuti! Vuole uccidermi».

«Ma chi è questo mascalzone?»

Esce dalla trattoria agitando un mattarello e cerca di inseguirlo. Lui aveva il mio passaporto, le mie valigie, tutto. Il benzinaio lo acchiappa, ma viene ferito dal suo coltello. Il cuoco lo prende da dietro e gli dà una mazzata in testa. Viene fuori una colluttazione incredibile, arrivano altre persone in aiuto. Fino a togliergli l'arma. Io osservo la scena con il cuore in gola. Infine chiamano la polizia. Viene il maresciallo dei carabinieri che parla un dialetto meridionale, e lo arresta.

«Lo sa chi è questo personaggio? È scappato da un manicomio criminale: cinque anni fa ha ammazzato una donna. Lo cerchiamo da un mese. Lei è stata fortunata. Non ha idea della follia di quest'uomo.»

Non avevo idea? Bastava che mi guardasse e si sarebbe reso conto di quanta brutalità avevo sperimentato in quelle ore...

A questo punto parte il film dentro il film.

Il treno della follia

Adesso sono sudicia e piena di lividi, con le calze rotte e con un look stravagante, sembro un po' pazza. Il maresciallo mi guarda dalla testa ai piedi con sufficienza, come per dire "questa da dove salta fuori?". Strascicando le parole e lasciando tutte le frasi un po' sospese, mi dice: «Su, venga con me, in caserma... Per la denuncia».

Salgo sulla macchina di pattuglia. Sono stravolta, stanca, scioccata, ma rassicurata per la fine di questa odissea, mi sento finalmente protetta e non posso che trovare un conforto. A casa mia non sanno niente di questa storia e sono terrorizzata che ne vengano a conoscenza: non mi farebbero più lavorare. Mi porta nel suo ufficio per fare il verbale: «Racconti come sono andati i fatti». Gli spiego per filo e per segno.

Finita la denuncia, mi guarda e con accento rozzo ancora più marcato mi dice: «Certo che lei è una bella figliola! Se si vuole dare una sciacquata... Vada di là, si metta un po' a posto». Stavo per andare verso il bagno e aggiunge: «Ma ha capito in che guaio si era messa lei? Questo era proprio un pazzo squilibrato, un omicida! Le è andata proprio bene... Vada, vada in bagno e poi mi raggiunga in ufficio!».

Mi si accappona la pelle, ma l'ho scampata. Prendo la valigia, vado in bagno e provo a sistemarmi un po'. Appena ritorno ordinata, ma ancora coi lividi e le calze rotte, mi dà subito del "tu" e parte con delle insinuazioni.

«Certo, quello era un matto, ma tu puoi far perdere la testa a tutti gli uomini...»

Mi sembra un apprezzamento gentile, quando si avvicina a me e dice: «Immagino che sarai affamata e stanca... Se vuoi...» avvicinandosi sempre più «io ti posso offrire un posto dove rifocillarti, ma tu poi sarai carina con me?» e tenta di baciarmi. Rimango di sasso.

«Ma come si permette? Perché mi vede in un momento di difficoltà vuole approfittarne?! Sta scherzando? Ma proprio lei?!» Lui ribatte: «Dài, dài, non fare l'ingenua» e mi si lancia addosso per baciarmi, ma mi divincolo immediatamente.

Appena lo respingo, comincia a insultarmi. «Chi ti credi di essere? Sei una puttana come tutte le altre!»

Ho paura! Comunque porta la divisa. Pensavo che dovesse tutelarmi, ma l'abito come si sa, non fa il monaco. Paradossalmente quella uniforme che doveva darmi rigore e sicurezza si era rivelata l'alibi per uno sporco abuso di potere: anche lui voleva rubare la mia anima. Sentivo l'assenza della correttezza, nella mia lucida onestà, seppure in quella situazione surreale. Persone squallide e viscide si trovano dappertutto.

E continua a insultarmi: «Alla tua età mia figlia va a scuola. Tu che cazzo fai in giro? Devi fare solo i mestieri». Ci resto male e turbata, avrei voglia di sputargli in faccia. Lui che era a conoscenza della difficoltà che avevo dovuto affrontare, mostra solo volgarità, superficialità e incompetenza.

«Lei non mi deve giudicare, io sono una madre e una moglie, devo lavorare per mandare avanti la mia famiglia. La prego, mi dia la possibilità di prendere un treno per tornare a casa.»

Mi doveva dare un foglio giallo per prendere il treno fino a Udine, a spese dello stato, insomma un nullaosta. Mi butta sul tavolo il foglio e dice: «Vettene fuori di qua». Mi fa accompagnare da un appuntato in stazione.

Da Ventimiglia a Udine il tragitto era a quei tempi lunghissimo, con mille fermate e quattro cambi di treno. Sola, con il mio nullaosta e il mio pensiero di essere di nuovo libera, fortunata per essermela cavata da quell'orrenda avventura e senza una lira in tasca, mi accomodo su un sedile. I miei primi compagni di scompartimento sono una suora, un giovane marinaio in congedo, un signore più attempato con l'impermeabile.

Ho una fame nera e non mi reggo in piedi. La suora che è seduta al mio fianco mi fissa, mentre il treno comincia ad andare, guardo fuori dal finestrino e mi scendono delle lacrime; vedendomi piangere, con tenerezza mi dice: «Perché piange, ma cosa le è successo? Un incidente?».

Le racconto la storia. Rimane scioccata. Alla prima fermata la religiosa chiama il ragazzo dei rinfreschi e mi compra una bevanda e un panino. Fu l'unica anima pia dopo tutto quello che avevo passato, la sola che mi ha un po' rincuorata con parole affettuose. E purtroppo fu la prima a scendere. Nel salutarmi mi mette in mano cinquemila lire: «Queste sono per il viaggio, se le venisse fame, auguri per tutto. E faccia attenzione figliola mia, apra bene gli occhi, al mondo ci sono dei lupi!». Non potendo rifiutare, mi alzo e l'abbraccio.

Il marinaio che aveva ascoltato stupito, continuava a dire: «Non ci posso credere...». Mentre raccontavo aveva costruito una piccola navicella con i fiammiferi. Quando scende, alla sua fermata, mi regala la barchetta dicendomi: «L'ho fatta per te, ti porterà fortuna». Avrà avuto vent'anni e forse per quello era più puro d'animo: si era commosso sentendo il mio racconto.

Rimane l'uomo con l'impermeabile, che non dice nulla per tutto il viaggio; è rosso di capelli e di pelle, sulla cinquantina. Ha un'aria sorniona. Apre la sua valigetta e mi offre dei cioccolatini.

Comincia a farmi domande a cui io rispondo educatamente, in cerca di appoggio emotivo dopo lo choc; man mano che gli racconto i dettagli della mia disavventura, viene preso da una specie di raptus: si slaccia l'impermeabile e inizia a toccarsi il cavallo dei pantaloni. Si vede che, sentendo la mia storia, aveva immaginato pure lui chissà che cosa. Non capivo il perché anche questo tizio si facesse strane idee sul mio dramma. E a quel punto, inorridita e scandalizzata, taglio il discorso. Cerco di riposare un po'. Ci vogliono ancora tre quarti d'ora per cambiare il treno.

Chiudo gli occhi, ma me lo trovo accanto. E mi dice in modo viscido: «Sei molto carina... Mi fai venire voglia di saltarti addosso!». E a quel punto mi alzo e vado nel corridoio.

Fermate e fermate. Sale e scende un sacco di gente e si riempie lo scompartimento. Io mi risiedo e l'uomo, seduto davanti a me, mi fissa e continua a toccarsi. Innervosita mi rialzo e vado in corridoio per non vederlo. Finalmente arriviamo alla stazione di Genova. Prima di scendere, mi propone di fermarmi da lui.

«Ma cosa le salta in testa? Se ne vada, se no le mollo un ceffone!»

«Macché, gattina arrabbiata!» e si lancia sulla bocca per darmi un bacio. Gli assesto un ceffone e lo tramortisco. Sono fuori di me.

«Ah! Prima aizzi gli uomini e poi li prendi a schiaffi!»

«Cosa aizzo? Ma come si permette? È lei un porco libidinoso, si tolga subito dai piedi!» Mi divincolo e scappo. Vorrei diventare invisibile.

Scendo a Genova e dopo mezz'ora prendo il treno per Milano. Le ore non passano mai. Mi siedo in uno scompartimento dove trovo un ragazzo, una nonna con la nipotina e infine, una signora tiratissima, rossetto e smalto rossi.

Sono esausta e spero di dormire, finalmente, ma l'anziana nota i miei ematomi e mi rivolge la parola: «Cosa si è fatta?». Ho troppi lividi sul collo, le mani e le gambe, le calze sfilate, un labbro tumefatto e il viso stravolto per non destare curiosità.

«Ho avuto una disavventura tremenda» ma non entro nei dettagli.

La nonna e la bimba scendono. Resto con lo studente. Anche lui mi corteggia un po', ammicca, e mi chiede di restare a Milano: «Dato che non ci sono coincidenze fino a domani mattina per Udine, perché non vieni a una bellissima festa questa sera con me?». Rifiuto: «Ma mi vedi? Immagina che voglia posso avere di andare a una festa in queste condizioni!». Il ragazzo si alza e va al bar. Rimango sola con la signora.

Ho appena chiuso gli occhi quando lei mi rivolge la parola: «Cara, non vorrei essere invadente, ma mi sembra che avresti proprio bisogno di dormire, di riposare. Se vuoi stasera puoi venire da me».

Non se ne parla nemmeno: «No, no, grazie, ma preferisco aspettare in stazione il primo treno per il Friuli».

«Guarda che a una certa ora non ci sono tante coincidenze. Se fossi in te, accetterei l'invito, non starei mai in stazione durante la notte. È pericoloso. Non farti problemi, te lo dico come una sorella. Adesso verrà mio marito a prendermi, possiamo cenare, ti rilassi e domani ti portiamo fino a Venezia, in macchina, visto che andiamo lì per festeggiare i nostri dieci anni di matrimonio.»

Lei è rassicurante, avrà sui quarant'anni, molto gentile e curata; stanca, stremata e malmessa, senza un soldo, ho proprio bisogno di dormire e penso di accettare il suo aiuto.

Scendo con lei a Milano. In effetti ci viene a prendere il marito. Lui scende, si presenta, cinquantenne, un tipo allegrone e mi fa salire in macchina. La moglie spiega in poche parole la mia disavventura e lui dice: «Accidempoli che storia! Stasera ti faremo divertire così dimenticherai tutto!».

Mi portano a casa loro. Faccio il bagno, ma dopo pochi minuti lei entra nella stanza mentre sono a mollo.

«Vuoi che ti pulisca la schiena?»

«No, no. Non si preoccupi.»

«Allora fatti molto carina e diamoci del tu!» E mi lascia una vestaglia e della biancheria: «Metti questa *lingerie* pulita. Me l'ero regalata, ma non l'ho mai messa».

«Non si deve disturbare!»

«Mi fa piacere, tienila! Adesso ci rilassiamo un po', prendiamo un aperitivo e poi ceniamo.»

Non avevo mai visto un completino così femminile e sexy. E mi dico "quanto è simpatica e gentile questa signora!". Immersa in quell'acqua tiepida, mi sento per un attimo rigenerata e pulita, dentro e fuori.

Esco in vestaglia, quasi mi sento imbarazzata. Vedo che lui ci sta aspettando in salotto e mi fa degli apprezzamenti. Mi accoglie con due bicchieri di champagne in mano. Con la coda dell'occhio vedo un vassoio pieno di stuzzichini. Affamata come sono non vedo l'ora di addentarli. C'è pure della musica di sottofondo.

Entra lei, davvero appariscente, con una *mise* a *pied-de-poule* trasparente e la *lingerie* con le *paillettes*. Il marito le offre un calice, brindiamo. Con qualche battuta mi fanno ridere. Dalla fame, avendo bevuto un po', affondo le mani nelle patatine e nelle olive. Mentre bevo (lo champagne mi dà un po' alla testa, ma mi fa anche rilassare), lei si alza e viene dietro di me che ero seduta sul sofà, mi accarezza i capelli e con una sgambata scavalca lo schienale e scivola accanto a me.

Mi chiedo cosa cavolo stia facendo. Si toglie la vestaglia. Rimango interdetta. La guardo e lei mi abbraccia. In quell'attimo sento dei click di una macchina fotografica. Mi volto di scatto verso il marito che dice: «Che belle che siete! Mi piacerebbe farvi delle foto insieme. Dài, baciatevi, toccatevi, siete bellissime!».

Chissà chi erano e cosa volevano farci con quelle foto! Mi alzo urlando: «No! Non faccio queste cose, ma per chi mi avete preso! Lasciatemi andare se no vi denuncio!».

E con una faccia da maiale e accento emiliano lui dice: «Ma suvvia, che c'è di male? Sono solo foto. Ma dài, è divertente!».

Ridendo, la signora mi tiene per la vestaglia e vuole baciarmi sul collo: «Ma su! Non fare troppo la difficile, se vuoi ti paghiamo!» e intanto il marito continua a scattare.

«Oh, ma come si permette?! Smettetela!» urlo e mi

libero dalla sua morsa. «Pensavo di essere in una casa sicura, con gente normale, e mi ritrovo in un'ennesima trappola. È allucinante: siete dei porci! Approfittare di una minorenne che ha avuto un problema...»

Mentre li insulto, recupero la mia roba, mi rivesto alla velocità della luce e vado via senza nemmeno salutarli, in lacrime.

Mi avvio verso la stazione, a piedi. Avrò attraversato tutta Milano semivuota, quella notte, inquietante, ammantata di nebbia.

Rieccomi, ancora lungo i binari infreddolita, impaurita, stordita dalla stanchezza e sola. È tardissimo, c'è della gentaglia in giro. Le ore non passano più. La coincidenza è verso le 5.30. Mi siedo in attesa del mio treno. Si avvicina un signore e si siede accanto. Sono già pronta a tiragli una borsettata in testa: «Cosa ci fa qui una ragazza sola a quest'ora? Sto aspettando il treno per Venezia e tu?».

«Che te ne frega!» taglio corto.

«Perché questa aggressività? Ti conviene stare qui vicino a me perché sono un detective!»

E fa un monologo: «Sto pedinando un marito infedele».

Dopo un po' che chiacchiera, salgo sul treno e anche lui. Ci separiamo, io prendo lo scompartimento vuoto e lui va avanti. Torna indietro con dei giornali e mi dice: «Li ho appena presi, vuoi darci un'occhiata?».

«No, grazie. Mi lasci in pace, vorrei riposarmi!» Ero veramente stanca e l'unica cosa che desideravo era un po' di sonno e staccare finalmente la spina. Quello si siede e apre il giornale.

E dentro di me dico: "Proprio qui questo si doveva sedere?". E anche lui comincia a provarci. Ha un ombrello appoggiato sul sedile, lo acchiappo e gli do una scarica di ombrellate da cui ne viene fuori una baruffa.

Sentendo quel gran casino, per fortuna arriva il controllore che viene coinvolto e prende anche lui qualche ombrellata. Grida: «Si calmi, signorina, si calmi! Ma che succede qui?». Riesce a strapparmi l'ombrello e urlando gli spiego: «Mi guardi, sono piena di lividi, secondo lei chi me li ha fatti?» e l'altro si inserisce dicendo: «Io non c'entro nulla!».

Il controllore, non capendo niente, ci divide.

Mi infilo in un settore con ragazze e ragazzi tedeschi, carichi di zaini e bagagli, ma più rassicuranti. La pace però dura poco perché scendono dopo due stazioni e il treno si riempie con nuovi viaggiatori, e anche il mio scompartimento.

Nelle prime ore del mattino i treni si animano, contengono interi mondi: variopinte formiche indaffarate, tutte alla ricerca del loro personale io, si nutrono di cibo sia materiale sia spirituale; indossano abiti firmati o anonimi, si distinguono dall'educazione che portano dentro, ma restano delle incognite. Malinconiche, dispettose, ridenti, goffe, vili, indifese oppure piene di arroganza e violenza inaspettate, cariche di speranza oppure disilluse, tutte con la loro verità così salda da strappare a volte anche un sorriso: c'è tutta l'umanità che brulica sui binari.

Che delirio: di dormire qui non se ne parla. C'è un trentenne. È attratto dalle mie calze sfilate. «Mi scusi, vuole che le faccia un omaggio?»

Lo guardo: «Ma di cosa?».

«Sono un rappresentante di collant. Posso regalarle un paio delle nostre calze?»

Ho gli occhi gonfi per la stanchezza, ma guardandomi le gambe e pensando ai miei lividi dico: «Mi farebbe una cortesia! Gentilmente ce le ha nere? Ma non posso pagargliele perché ho perso il portafoglio».

«Non si preoccupi, omaggio della ditta.» Apre la valigetta e me le porge; in un modo elegante e gentile mi dice: «Se vuole, le offro qualcosa da bere».

«Mi scusi, ma ora vado a metterle.»

Mi chiudo in bagno: non ho più voglia di parlare con nessuno. Provo a tamponare almeno i lividi della faccia con il fondotinta che porto in borsa. Tiro giù la tavoletta e mi siedo sul wc, con la testa appoggiata alla parete: prego Dio di farmi arrivare a casa al più presto, come in un miracolo. Mi rendo conto che la mia vita è stata attaccata a un filo in questi giorni; un filo a cui mi sono aggrappata con tutta la mia forza senza cedere all'incertezza di non farcela. Ma com'è difficile a volte tenere viva questa speranza!

Arrivo a Venezia dopo l'alba. Stazione semideserta. In attesa dell'ultimo treno della mia via crucis. Scendo e con quel mio look non passo certo inosservata. Mi sono appena seduta su una panca che sento un suono di fischietti, passi di marcia, comandi militari.

«Avanti, destr, sinistr, alt!»

Non arriva un intero battaglione di bersaglieri? In divisa, con tanto di cappello piumato. "Povera me!" penso. Non so dove nascondermi. Mi sfilano davanti e mi guardano con la coda dell'occhio. Il comandante rompe le righe e salgono sul mio stesso treno, ormai sciolti. Partono gli apprezzamenti: «*'Nvedi* che figa, cosa ti farei! *Viè* qua bambola, te facciamo *passà* noi un bel viaggio!».

Che stress! Non ce la faccio più. Incredula per avere incrociato anche i bersaglieri, chiedo al capotreno di trovarmi un posto tranquillo; gli spiego che sono stremata e ho fatto un viaggio lunghissimo e non dormo da due giorni per un incidente e che non posso sedermi in mezzo a un battaglione di ragazzi con l'ormone impazzito.

«La capisco» fa lui con l'aspetto di un padre di famiglia. «La faccio riposare nella mia cuccetta. Si accomodi lì, la sveglio quando siamo a Udine.» Mi tranquillizza, mi appoggio e dormo un po'. Ma il capotreno rientra pian piano, si avvicina a me, sento che mi guarda e lentamente mi alza la gonna. Mi sveglio.

«Insomma! Le ho spiegato le mie difficoltà, il mio problema. E lei è qui a fare la stessa cosa che volevano farmi tutti quei soldati? Loro a parole e lei con i fatti! Se le ho chiesto aiuto, non può approfittarne! La prego, mi lasci stare!» e faccio per alzarmi.

«Ma no, stia comoda, vado via io. Va bene, va bene. Non si arrabbi. La sveglio prima di arrivare a Udine» ed esce.

Sto lì distesa e non riesco a prendere più sonno per l'adrenalina che ho addosso. Finalmente arrivo a Udine.

Con la mia valigia, aspetto l'autobus. Salgo sul bus per andare a casa di mia suocera, mio marito e mio figlio.

Il bus è vuoto. Il conducente mi guarda attraverso lo specchietto e vuole attaccare bottone.

«Da dove viene?»

«Da nessuna parte» rispondo io per spegnere ogni dialogo. Guardo fuori la mia città che è ancora buia e deserta, come tutti gli inverni. Quasi per punirmi lui fa tutte le fermate. Arriva finalmente la mia. Scendo e mi avvio verso casa. Suono. Apre la porta mio marito, tutto assonnato.

«Non pensavo che arrivassi stamattina. Vieni, entra.»

Neanche si accorge dei miei lividi. «Dài, dài vieni a dormire.»

Mi faccio una doccia che dura mezz'ora. Voglio togliermi tutta la sporcizia che mi sento addosso: ho di nuovo il mio sapone e i miei asciugamani. Cerco con l'acqua calda di lavare lo sporco del mondo che mi ha ricoperta in quei giorni, i pensieri scorrono insieme alle gocce. "Finalmente a casa, al sicuro." Vedo i miei vestiti per terra – un tempo così belli, adesso così carichi di dolore – e decido di buttarli via, per eliminarne per sempre ogni brutto ricordo.

Mi infilo a letto, tirando un respiro. Questo sollievo dura un attimo: mio marito si gira e comincia a baciarmi.

«Ti prego, sono stravolta, adesso no!»

«Ma amore, ho la prima licenza dopo mesi, non ti vedo da un sacco di tempo! Abbracciami!»

Mi possiede e io ho davanti gli occhi la violenza del maniaco di Ventimiglia. Resto rigida, fredda. Era l'unico uomo che aveva il diritto di toccarmi, mio marito, l'unico con il quale avrei voluto farlo, ma ero così sconvolta che anche una cosa tenera era per me in quel momento inconcepibile.

La mia inesperienza fu la chiave e la causa di tutto questo episodio: la ferita fu profonda, ma adesso è tamponata, fa parte della mia esistenza. La serie di incredibili disavventure fu il vaccino per la vita. Lo schermo creato dal mio istinto di sopravvivenza mi ha salvato. Forse è un po' forte questa affermazione, ma è la verità: ho sempre tentato di vedere l'anima delle persone, senza pensare male, credendo magari di poterle mettere al loro posto. Ma non sempre un posto, una logica certe persone ce l'hanno.

Ho curato la ferita di quella violenza con il sale del giudizio. Oggi la ferita è risanata, vedo le cicatrici che mi ricordano la fatica e il sangue con i quali ho costruito lo scudo che poi è stata la mia salvezza.

In quei giorni Dio non voleva più mandarmi segnali, né indicarmi quale strada seguire, almeno così mi sembrava. Si era voltato da un'altra parte lasciandomi vedere che il mondo non è fatto solo di persone buone, disinteressate e sane. Lo imparai velocemente e a mie spese. In un viaggio e in due giorni densi di disavventure, avevo maturato l'esperienza di vent'anni. E avevo scoperto che anche le persone che conducono vite apparentemente normali possono abbandonarsi ai peggiori atti di violenza e di perversione, in una lucida follia che a volte esplode incontrollata.

Ma presto Dio si sarebbe ricordato di strizzare l'occhio anche a me.

Non importa se ad attenderci c'è un grande o misero destino: dovremmo pazientemente accettare entrambi. Qualunque cosa accada, dobbiamo restare fedeli a noi stessi.

3
LA CASA DELLA FORTUNA
(Roma, via Salaria)

Il destino non è una questione di fortuna, ma di scelta.
Non bisogna restare fermi ad aspettarlo,
ma attivarsi per raggiungerlo.

WILLIAM JENNINGS BRYAN

Penso che se vi soffermate a ricordare i momenti in cui la vostra vita ha avuto una svolta improvvisa, vi accorgerete che quei momenti sono stati sempre accompagnati da coincidenze: un messaggio rassicurante o un evento inaspettato che arrivano quando ne avete più bisogno, quando siete a un crocevia e attorno a voi ci sono solo instabilità e dubbi.

Per me il segnale fu un semplice invito: un'amica aveva organizzato un fine settimana a Roma, e insistette perché la accompagnassi. Nonostante i problemi che avevo in famiglia, dissi di sì e quel viaggio mi aprì le porte del mio destino.

Era la prima vacanza che sognavo: percepivo le rinunce dei miei genitori che conducevano una vita di privazioni e di sacrifici. Io però, non volevo subirla quella vita, ma rincorrerla. Accettai l'invito.

I primi passi che fai nella tua esistenza sono i più ardui. Il mio detto era "lasciatemi sbagliare da me". Attraverso gli errori, infatti, una persona procede. A volte ho sfiorato mondi malati, ma il mio entusiasmo e la mia integrità sono rimasti solidi.

Mai avrei immaginato, conoscendomi all'epoca così

impacciata e giovane, che quel viaggio avrebbe realizzato a lungo termine un pensiero che sovente da bambina macinavo: fare l'attrice!

Quando le cose le vuoi davvero avvengono. Il pensiero positivo serve a poco se non lo metti in pratica.

Serve la motivazione che a volte in gioventù svanisce per colpa delle delusioni. Quando subivo una sconfitta dentro di me poi dicevo "io non posso tornare indietro" e proseguivo sulla mia strada. La motivazione ce la diamo da soli.

Bisogna accettare le sconfitte: il nostro momento prima o poi arriverà. Ma se uno rimane a casa, a rimuginare, seduto al margine della propria esistenza, non si muoverà di un centimetro. La lotta invece rende forti, fa crescere.

I fallimenti e il dolore non devono impedirti di provarci ancora e distoglierti dal tuo fine. È proprio nelle sconfitte che trovi la soluzione. Il coraggio è la capacità che ognuno di noi ha dentro di sé. Sei una persona speciale nonostante i tuoi difetti. Quando tu hai amor proprio e procedi pure con fatica, viene tutto secondo la sua strada.

Talvolta nelle difficoltà sembrano proliferare malintesi, disguidi, gelosie: tutto questo può innescare in te un'energia negativa per il tuo futuro, che coinvolge la tua esperienza, la tua vitalità, il tuo carattere e rimane dentro di te. Ecco l'origine di molti malesseri fisici.

Vuoi riuscire nella vita? Pensa, credi sempre a quello che fai in positivo, il tuo successo dipende dalla stima che hai di te stesso. Devi resistere e non arrenderti mai: pensa al meglio perché ognuno di noi è una creatura speciale. Questo ti darà la forza per non arrenderti e continuare. La paura è potente, ma la fede in te stesso lo è di più.

Preparai una borsetta con quattro cose pensando di stare via pochi giorni. Sono approdata nella Città Eterna per caso, senza progetti né ambizioni, ignorando che cosa avrei fatto. Ma forse non è del tutto corretto. Anni dopo, quando ero ormai una star affermata a livello internazionale, incontrai a Udine una compagnetta delle elementari, Milvia: «Dalila, ti ricordi quando eravamo piccole e tu dicevi sempre: "Da grande farò l'attrice o la missionaria"? Alla fine ci sei riuscita!».

Per vie imprevedibili e non sempre guidate dalla mia volontà, il destino mi aveva insomma portato a realizzare quel desiderio di bambina. Soprattutto quando uscì il film *Dottor Zivago*, rimasi abbagliata dalla protagonista Julie Christie che vagamente mi assomigliava e lo vidi almeno tre volte.

Tornavo a casa e con i pochi spiccioli compravo cosmetici a poche lire, per esempio un rossetto rosa pallido che tenevo in tasca e mettevo in continuazione per imitare le labbra delle attrici, non potevo starne senza: dopo ogni gelato o bacio del mio fidanzatino, lo tiravo fuori subito dalla tasca e me lo rimettevo. Questo vezzo faceva ridere un sacco mia sorella.

Portai a compimento quel disegno che evidentemente era stato scritto per me molto tempo prima e a mia insaputa: nonostante il matrimonio prematuro, il destino mi portò infatti lontano da Udine e non restai a fare la casalinga né la commessa in qualche boutique.

Se dovessi pensare al momento esatto in cui la mia vita romana ha preso una nuova piega e Dio mi ha strizzato l'occhio non ho dubbi: penso a quando ho messo piede nel mini appartamento di via Anapo.

Era una mansarda che si affacciava sui tetti di Roma, in un palazzo bellissimo, molto chic, d'epoca, perfino con il portiere giorno e notte. Che comodità! Al tramonto entrava dalle finestre una luce incredibile che rendeva la casa dorata. Anche se dividevo le spese con la mia amica Bettina, quella fu davvero la mia prima casa, la prima volta che dovevo mantenermi del tutto da sola e provvedere a pagare l'affitto, le bollette, il vitto.

Da quando entrai lì la mia vita cambiò: arrivarono contratti per film e pubblicità importanti, le interviste, le copertine, le amicizie nel jet set, le serate mondane, una certa serenità economica, la possibilità, finalmente, di godere dei miei vent'anni, senza forzare la mano.

Per me fu la "casa della fortuna". Era come una scatola dei desideri: ogni nostro sogno si avverava, ci accadevano cose belle e gratificanti. Quando feci carriera, avrei voluto comprarla, per i magnifici ricordi che custodiva.

In particolare, a quel periodo è legata la mia prima volta a New York, città a cui arrivai attraverso un fortunato colpo del destino...

Stavo infatti girando a Roma lo spot di uno spumante: mi trovai con un modello americano strabiliante, stile Marlon Brando ma più alto. Mi invitò a cena: tra le tante belle ragazze della réclame, scelse proprio me che non parlavo nemmeno l'inglese.

Gli feci capire che sarebbe stato meglio se fosse venuto lui da me, perché c'era Bettina che conosceva le lingue e io ero una brava cuoca. Accettò.

Per tre sere consecutive lo portammo nei migliori locali romani. Prima di partire volle a tutti i costi delle mie foto in bianco e nero che aveva visto in casa.

Mi disse che con un volto come il mio potevo avere molto successo in America. Io mi misi a ridere: «Ma se non parlo neanche l'inglese!».

«Vieni in America, lo impari e puoi fare una bella carriera, ti si aprirebbero molte strade.»

Non gli diedi ascolto e lasciai cadere l'argomento.

Quelle tre foto furono inconsapevolmente il mio *passe-partout* per gli Stati Uniti e per il mondo del cinema. Fecero un giro magico. Arrivarono prima a New York nelle mani di Andy Warhol e Paul Morrissey per poi ritornare a Roma sulla scrivania di Carlo Ponti. Che mi chiamò per interpretare il film *Flesh for Frankenstein* (uscito in Italia come *Il mostro è in tavola... Barone Frankenstein*).

La strada che portò a via Anapo e ai set di Cinecittà fu, però, tutt'altro che piana e corta.

Cioccolatini e rosette calde

Lasciavo che le cose venissero a me, con positività: non sono mai stata una persona ambiziosa, nemmeno da ragazza quando si è naturalmente sognatori e ottimisti. Mio padre mi diceva sempre: «Quando hai lo stomaco vuoto aguzzi la mente». Nelle difficoltà viene fuori il meglio di noi stessi e per ogni cosa che fai la vita ti insegna.

Restai a Roma con lo scopo di mantenermi e di avere, un giorno, mio figlio accanto. Mi piaceva Roma, fu un colpo allo stomaco questa enorme città, così diversa da Udine che era un piccolo centro. Ti dava le possibilità di sognare una vita diversa. Avrei voluto che mio figlio potesse condividere con me la gioia di vivere in quella città splendida e le mie stesse emozioni.

Sapevo di non avere studiato molto e di non conoscere le lingue e non ero per niente consapevole di quello che la mia bellezza avrebbe potuto darmi. Finora era stata solo motivo di guai e brutte esperienze! Le luci del cinema, poi, erano del tutto lontane dalla mia portata.

Anche se non avevo tanti grilli per la testa, prendevo molto seriamente tutti i lavori che mi capitava di fare. I primi due anni a Roma furono davvero duri: prima che iniziasse la fama provai la fame! Dovevo farcela da sola perché nessuno mi manteneva, pur non sapendo da dove cominciare. Non avevo davvero i soldi per fare la spesa; e così andavo avanti per mesi con cappuccini, toast, mele.

Prima di trasferirmi nell'appartamento di via Anapo, avevo abitato in pensioncine o restavo ospite da conoscenti. Ricordo benissimo una delle mie prime sistemazioni a Roma: per un paio di mesi fu David, dj in un locale, a prestarmi letteralmente il suo letto. Lo conobbi dove lavorava: rimase colpito dal fatto che non avessi un posto sicuro dove stare e, da vero amico, mi propose casa sua. Così potevo dormire da David fino alle cinque o sei del mattino, dipendeva dalle serate: quando lui rientrava, portando le brioches calde per la colazione, io mi preparavo e uscivo a cercare lavoro!

Ero in moto dalla mattina e giravo come una trottola per Roma, così ero sempre assonnata: mi portavo allora dietro un piccolo telo nello zaino e andavo a fare dei pisolini sui prati di villa Borghese. Verso le due, era un appuntamento fisso!

Mi cimentai nei lavori più strani, l'importante era che fossero onesti e pagati il giusto. Per un periodo lavorai per l'Istat: aiutavo un amico, lui passava la scala A e io la B, citofonando alla gente facevo compilare i moduli del censimento. Così passai in rassegna interi quartieri di Roma, ed entravo negli appartamenti delle persone più disparate. Bastava una breve occhiata in giro per la stanza per capire chi avevo di fronte: la mamma, il pensionato, l'analfabeta, l'artista, una buffa coppia di omosessuali, la famiglia numerosa, degli stranieri. Quando entri in una casa nuova vedi subito l'anima delle persone che la abitano dagli odori, dai mobili, dalle piante, dalla luce, insomma dai piccoli dettagli. Trovavo che anche i piccoli attici nei quartieri più miseri avendo una terrazza permettevano di avere gli occhi rivolti al cielo.

Alcuni erano così diffidenti che non volevano nemmeno farmi accomodare, e mi compilavano i moduli in piedi, sull'ingresso. Gli anziani più timorosi non aprivano nemmeno: dovevo far passare il modulo sotto la porta. Altri, invece, erano solari, iniziavano a chiacchierare e non la smettevano più: volevano raccontarmi tutta la loro vita. Altri ancora mi offrivano da mangiare, erano generosi, cordiali. Insomma, l'umanità più varia, che bellezza!

Per un altro periodo dormii in una pensione che costava tremila lire a sera: una palazzina con dieci camere sì e no, un solo bagno in comune per ogni piano. Fu lì che incontrai Bettina, una ragazza della Svizzera tedesca che assomigliava a Rita Hayworth e che avevo già notato al Number One: divenne presto come una sorella.

L'amicizia, quella vera, è davvero rara e per la prima volta, per caso, la conobbi, in un momento in cui quella grande città mi faceva sentire isolata, sradicata, senza punti di riferimento.

Quello che è importante è condividere con qualcuno i momenti preziosi che la vita riserva. I veri amici sono quelli che si scambiano fiducia, pensieri, sogni, si tengono per mano sia nelle gioie sia nei dolori; sempre liberi di separarsi, senza separarsi mai.

Per le vicissitudini mie e sue, il nostro rapporto si consolidò subito: Bettina diventò in breve tempo la mia migliore amica, un pezzo di cuore, e così andammo subito ad abitare insieme.

Di giorno leggevamo i giornali alla ricerca di annunci interessanti: negozi, servizi fotografici, pubblicità io, traduzioni e uffici lei perché parlava quattro lingue. Andavamo nelle cabine telefoniche con i gettoni per fissare i colloqui.

Il bar sotto casa era il nostro punto di riferimento: la cassiera ci prendeva le telefonate, così noi facevamo avanti e indietro per sapere se qualcuno aveva lasciato un messaggio o un appuntamento di lavoro.

Per un periodo mangiammo solo i toast di quel bar perché per far fronte alle spese per la casa dovevamo tirare la cinghia. Così rimanevamo sempre belle e snelle. Nei giorni in cui avevamo più soldi, riuscivamo a prendere anche un cappuccino o una spremuta d'arancia.

La sera eravamo sempre invitate a cena e alle più belle feste. Quanti corteggiatori! Al ristorante divoravamo tutto, eravamo affamate come i lupi. Tutti ci dicevano: «Alla faccia, vi abbuffate e siete così magre? Che buon metabolismo! Meglio invitarvi a fare shopping che a cena!».

Non sapevano che si trattava di un'astinenza arretrata. Certe volte ci mettevamo nelle tasche della frutta che mangiavamo il giorno dopo. In quelle occasioni ci scambiavamo i quattro vestiti che avevamo nell'armadio, facevamo qualche modifica, qualche ripresa qua e là per essere sempre carine e alla moda.

In altre serate, quando l'ammiratore diventava insistente facevo come Audrey Hepburn in *Colazione da*

Tiffany: accettavo un invito, cenavo, andavo alla toilette e poi sparivo. Avevo diciannove anni e già ne avevo viste troppe, avevo capito un po' come girava il mondo e cercavo di evitare altre disavventure.

C'erano poi gli spasimanti che optavano per i regali: fiori, ma a volte anche dei libri, dischi, candele.

Avevamo fatto amicizia con il portiere del nostro palazzo, una macchietta. Era un signore simpatico e ogni volta che arrivava un omaggio ci faceva delle gag: «Dovreste pagarmi un secondo stipendio! Non faccio altro che portarvi su tutta questa roba. Questo è un altro lavoro... *me* date da fare più voi che tutto il palazzo!».

A volte per sdebitarci lasciavamo a lui un mazzo di fiori, perché li regalasse a sua moglie.

Ci fu uno spasimante accanito, che io non contraccambiavo, che fu, però, molto originale: mi mandò una scatola enorme di Baci Perugina a forma di cuore e uno di questi aveva il suo morso impresso nella carta stagnola, così ne mancava un pezzo. Pensai che fosse di cattivo gusto mandare la scatola già cominciata, ma subito trovai un biglietto con su scritto: «Ti prego, finisci di mordermi!». Per fortuna ne morse solo uno, così nei giorni successivi potei mangiare le rosette calde con dentro quei cioccolatini!

D'estate non potevo certo permettermi di andare al mare, così per non presentarmi ai provini bianca come un cadavere dovevo industriarmi e accontentarmi del terrazzino dell'appartamento, mentre i vicini erano in viaggio in giro per il mondo o in qualche spiaggia lontana. Due metri e mezzo per uno. Così stretto che non ci stava nemmeno un tavolino, ma solo l'asciugamano! Lo stendevo per terra, mi mettevo in bikini ma resistevo poco: ogni quindici minuti dovevo farmi una doccia fredda per non farmi venire un'insolazione. Visto che non c'era nessuno, potevo mettere la radio a tutto volume e sentire le canzoni in voga: Barry White, Cat Stevens, i Led Zeppelin e i Bee Gees, Lucio Battisti.

Per andare alle feste e agli eventi della Roma bene sia io sia Bettina dovevamo essere sempre carine e curate. Così anche per catturare una lingua di sole stringevamo la cinghia e sfruttavamo al massimo quello che avevamo. A volte ci ritrovavamo con degli amici nel vicino parco di Villa Ada a cantare e fare dei picnic. Ci facevamo sempre un sacco di scherzi.

Una volta, mentre eravamo nel parco alcuni nostri amici giocavano a pallone, una delle loro fidanzate ci raccontò che aveva sentito una telefonata del suo compagno: doveva andare in un locale con quattro bellissime svedesi abbordate a piazza Navona, complice l'amico Luca. La fidanzata decise con tutte le altre di vendicare questo progetto di infedeltà organizzando uno scherzo molto astuto.

Finita la partita, verso le sette, andammo a casa di una di loro che aveva preparato una cena per tutti. Lì in attesa del playboy che doveva arrivare con una scusa qualsiasi costringendoli ad andare con lui.

Estranee allo scherzo punitivo, io e Bettina ridevamo e volevamo vedere come sarebbe finita. E andammo anche noi alla cena.

Notavamo gli sguardi d'intesa dei ragazzi: non facevano che puntare l'orologio della cucina. Quando la ragazza che imbastì lo scherzo arrivò con una zuppa, il vino e un salame, lo scherzo partì: in quel brodo aveva messo del sonnifero. Infatti noi donne, sapendo tutto, non toccammo affatto la minestra.

I ragazzi, invece, affamati, la mangiarono tutta, e quando arrivò Luca li trovò tutti sbracati sui sofà, assonnati. Stupito, sussurrava: «*Ahó*! Ho preparato tutto! Ma che *vve pija*? Muoviamoci, che facciamo tardi! Ci aspettano!».

Noi dalla cucina lo sentivamo mentre provava a spronarli e ridevamo come delle pazze. Il più furbetto disse: «Luca, c'ho un sonno tremendo. Scusaci con queste svedesi ma di' che *se vedemo n'altra sera*!». Quella confessione fu la prova che c'era davvero una tresca e che lo scherzo era meritato: il giorno dopo le fidanzate fecero loro un mazzo così!

Io e Bettina eravamo stupite: che furbe queste qua! Era la prima volta che vedevo delle donne così sgamate e vendicative all'opera.

Adesso ci rido su perché, bene o male, quei momenti duri li ricordo con tenerezza, ma all'epoca erano pieni di sfide e di insicurezze. Questo mi costrinse ad attaccare a un chiodo il mio carattere timido. Come quando la primavera arriva e il cappotto non serve più, così lo lasci da parte ed esci, nel sole.

A maturare una nuova consapevolezza di me stessa e delle mie possibilità mi aiutarono moltissimo i miei amici romani, ma soprattutto Bettina: mi cercavano di continuo, mi spronavano: «Ma tu devi fare l'attrice!». Io invece ero ancora timidissima, non pensavo di essere all'altezza di quella carriera, abbassavo il tiro dicendo «magari potrei fare solo della pubblicità, cosine così». Allora mi selezionavano gli annunci e mi accompagnavano a fare i provini, perché se fosse stato per me, avrei cercato altri lavori. E mi incentivavano scherzando: «Tu sei abituata a Udine, quanti semafori avete? Trenta! A Roma ce ne saranno settemila! Questa è una città che ti offre tutto quello che vuoi, basta volerlo!».

Così presi coscienza delle mille occasioni che una

grande città come Roma poteva offrirmi. Imparavo ogni giorno che tanto più ero desiderata, tanto più all'erta dovevo stare. Tutte queste precauzioni non mi mettevano, però, al riparo dalle trappole, anzi!

Poteva succedere che andassi a fare un servizio fotografico o un provino e mentre posavo, mi chiedessero di spogliarmi: prima un po', poi di più fino a che il fotografo o il produttore facevano apprezzamenti o proposte esplicite. Per foto e film un po' spinti oppure *avances* personali. Capivo al volo l'antifona e andavo via di corsa!

Dovevo combattere con la mia timidezza: in molti lavori mi prendevano ma poi a volte mi succedeva di bloccarmi e rifiutare. Un giorno mi proposero di partecipare a Miss Italia, alle selezioni per la regione Lazio. Sempre per l'entusiasmo degli amici accettai ma ovviamente ero poco convinta all'idea di affrontare il pubblico.

Venne il giorno della selezione, in una discoteca: all'inizio si usciva in passerella a due a due. Mi facevo coraggio, ma quando arrivò il momento di sfilare da sola, perché eravamo rimaste in sette, le gambe mi tremavano e la signora dell'organizzazione mi spinse fuori dicendomi: «Hai paura di essere bella?» e mi diede uno spintone.

Quasi persi l'equilibrio e mi aggrappai alla tenda. Feci la passerella di corsa e ritornai dentro, mi sedetti tra le altre ragazze e tra me e me scongiuravo che non mi prendessero. Quando proclamarono i tre nomi finali, sentii pronunciare anche il mio. Un urlo riempì la sala: erano i miei amici! Rabbrividii all'idea di superare quell'emozione. Dopo l'ultima uscita a tre ci fecero aspettare un po' e nel guardare le altre due ragazze che speravano ansiose nella vittoria, io mi sentivo completamente fuori luogo.

Il peggio doveva ancora arrivare. Sentii le parole «la vincitrice è...» insieme alle iniziali: «Dali...».

Feci uno scatto e scappai dalla porta di sicurezza trovandomi fuori, con il costume succinto, mi misi a correre fino in fondo al piazzale, con il fiatone, mi abbassai e mi rannicchiai dietro una macchina. Da lontano sentivo le urla degli organizzatori: «Dalila, Dalila dove sei?».

Muta e infreddolita aspettai lì seduta per terra che i miei amici uscissero. Dopo un po' loro mi trovarono e mi dissero: «Ma sei pazza!». E io: «No, ma vi prego, portatemi a casa».

Recuperarono i miei vestiti e ci mettemmo in viaggio per ritornare in città. Nel tragitto continuavano a dirmi: «Vai a capirti! Nessuno avrebbe rinunciato a un titolo così importante. Ma come ti è venuto in mente di bruciarti questa occasione?».

Non riuscivo a dire niente perché volevo capire il motivo di questa mia insicurezza che mi poteva privare di tante cose. Passai la notte senza chiudere occhio a pensare che da quel momento non dovevo più precludermi nessuna possibilità.

Nonostante tutti i problemi che puoi avere, ogni giorno è un regalo. Un'opportunità che abbiamo di migliorare le cose, di vincere le avversità solo con la nostra intelligenza e tenacia, di diventare più forti. Ho sempre impressa questa battuta di un film: «Ieri è storia, domani è un mistero, ma oggi è un dono e per questo si chiama *presente*».

Persone dal cuore grande

Ne ho passate così tante che sarebbe stato facile cadere nella trappola di perdere la fiducia nel buon cuore della gente. Parlo di umanità in senso più generico, non del tuo amico d'infanzia o del tuo compagno, ma di chi ti conosce poco o niente. A volte, però, un alito d'amore soffia: ti stupisce e ti scalda l'anima. Nei primi tempi a Roma conobbi, per esempio, due persone davvero generose, decisive nel cambiarmi la vita. Per me sono rimasti modelli di come chi ha il cuore grande si rimbocca le maniche per te senza volere niente in cambio.

Il primo fu José Basile, un anziano aristocratico spagnolo, brutto ma con una classe d'altri tempi. Portava un cappellino originale, il trucco sbavato e il bocchino con la sigaretta sempre accesa.

Vedendoci cambiare in continuazione la casa dove venivamo ospitate, fu lui a portarci con la sua macchina di fronte a Villa Ada, in via Anapo, davanti a un palazzo elegantissimo. «Questa è la vostra casa» disse. All'ultimo piano c'era un piccolo attico di sessanta metri: ingresso, una grande camera da letto, un bagno meraviglioso, l'angolo cottura, il salottino e un terrazzino di cui mi innamorai subito.

Appena entrammo fummo investite da una luce chiara e uniforme, come una scossa di energia positiva. Quella casa fu la nostra fortuna perché quel nobiluomo ci spinse a prenderci le nostre responsabilità, ad autogestirci. Quando ci diede le chiavi della casa per la quale aveva anticipato la cauzione e un mese di affitto, ce lo fece capire con un detto: «Quando vogliono aiutare qualcuno, i cinesi dicono: "A un tuo amico regala la canna da pesca, non un chilo di pesce, così potrà andare lui a pescare". È quello che vi auguro: di riuscire a mantenervi con un lavoro e avere la vostra vita in mano con responsabilità».

In effetti dopo un periodo duro, arrivava un segnale

positivo del destino, un cenno che le cose stavano per cambiare!

Con lo stipendio di Bettina e qualche mia comparsata riuscivamo a pagare l'affitto, ma arrivavamo a fine mese al pelo. E meno male che aumentarono gli inviti a cena.

Per grazia ricevuta, nel palazzo dove stavamo, davvero signorile, abitava un'anziana signora molto ricca, la quale confidava in noi per portarle i barboncini al parco. Ogni volta ci dava una grossa mancia. Un giorno portando fuori i due cani e costeggiando un punto dove erano parcheggiate molte macchine, parlavamo dei vari inviti in programma.

Mi cadde l'occhio su una macchina e, quasi sotto la ruota, vidi un portafoglio. Strizzai il braccio a Bettina: «Guarda là!».

Lei strabuzzò gli occhi, io mi abbassai e lo raccolsi. Ci venne la tentazione, data la grossa somma che conteneva, di tenercelo: un milione e trecentomila lire! Per noi equivalevano a un anno di affitto. Ma poi ci venne il rimorso, forse in quel portafoglio c'era la pensione di un vecchietto o il mensile di un padre di famiglia. Grazie ai documenti risalimmo al nome del proprietario e sull'elenco telefonico trovammo il suo indirizzo e il numero di telefono.

Tentammo di chiamarlo tante volte, ma per molti giorni un uomo ci rispose: «Il signore è attualmente fuori. Vuol lasciare un messaggio?».

«No, no, richiameremo.»

Fino a che un giorno ci disse: «Il signore tornerà verso le sette». A quel punto andammo a portarglielo di persona. Abitava in un palazzo antico e importante, ci guardammo stupite; ci venne ad aprire il maggiordomo.

Ci disse di seguirlo e ci fece accomodare in uno splendido salone pieno di arredi stupendi. Aspettammo un po' e si presentò una donna elegante di mezza età, dicendo: «A cosa devo la vostra visita? Roberto, il mio cameriere, mi ha detto che volevate parlare solo con mio marito, ma lui non c'è!» con aria sospetta.

Tirammo fuori dalla nostra borsetta il portafoglio: «Volevamo essere sicure che ritornasse nelle mani del suo proprietario!». Fu colpita e sorpresa per la nostra onestà e cambiò il suo atteggiamento offrendoci da bere. Capì che io non ero romana e Bettina straniera.

«Che ci fate qui a Roma?»

All'unisono rispondemmo: «Stiamo cercando lavoro, ma sapesse com'è dura! Vorremmo rimanere in questa città meravigliosa, ma è molto difficile...».

«Ragazze, ma come siete messe con le lingue straniere?»

«Io non ne conosco nessuna,» faccio io «ma lei ne parla quattro» rivolgendomi a Bettina. «Perché?»

«Mio marito sta cercando una brava ragazza che parli delle lingue, che gli faccia da segretaria e interprete!»

«Ma sta dicendo sul serio?! Sarebbe fantastico!»

Ci fece una proposta: potevamo andare da suo marito l'indomani perché la sera stessa avrebbe parlato con lui del lavoro. Felicissime la salutammo. Mentre stavamo uscendo, in quell'attimo prese tutti i soldi dal portafoglio dicendo: «A noi basta aver ritrovato i documenti e le carte di credito, questo è un nostro regalo e anche mio marito sarebbe stato d'accordo, però fatene buon uso!».

Commosse l'abbracciammo. Uscimmo dal palazzo saltellando di gioia fino a casa. Nel tragitto trovammo un chiosco di fiori e le mandammo un mazzo di rose.

Bettina il giorno dopo si presentò nell'ufficio del marito che le diede un posto fisso e ben retribuito. Da quel momento il nostro frigo non fu più vuoto.

Racconto sempre questi due episodi di José e della signora del portafoglio perché mi sembrano emblematici di un fatto: quando non sai dove sbattere la testa, quando non ti aspetti più che le cose si rimettano a posto, quando pensi che davvero non ci sia soluzione ai tuoi problemi, il destino interviene, in punta di piedi o con una capriola a effetto, e ti rimette in marcia.

Un tête-à-tête con Alain Delon finito male

Iniziai poi a fare delle piccole comparsate a Cinecittà. In quel periodo, lì potevi incontrare i grandi del cinema italiano e internazionale: c'era un'aria eccitante, un entusiasmo travolgente. Erano gli anni di Bertolucci, Pasolini, Antonioni, Risi, Scola.

Un giorno incontrai vicino agli studios Federico Fellini. Mi fermò, squadrandomi dalla testa ai piedi, mi afferrò il viso con una mano e mi disse: «Che bella faccia che c'hai... Ma sei troppo magra! Figlia mia, ma ti danno da mangiare a te?». In effetti ero un grissino: pesavo 47 chili! Lui era nel momento in cui sfornava i film migliori.

Da emiliano affettuoso ed espansivo mi disse: «Eh, la Madonna, ma mangia, mangia, mangia che sembri uscita da Buchenwald. Mangia pastasciutta! Anzi, vieni a pranzo con me e la troupe».

Mi parlò per più di mezz'ora di lasagne e altri piatti emiliani, poi arrivarono gli altri operatori del set e cominciarono a discutere del film: io continuavo ad ascoltare, mi sembrava di stare in un sogno!

Ascoltavo Ninì perché lui era un personaggio e io invece ero agli esordi. Per di più non sapevo propormi, aspettavo che gli altri mi notassero e mi offrissero delle parti. Ogni tanto si avvicinava qualcuno della troupe e Fellini mi indicava e diceva: «Guarda che faccia, guarda che faccia! Ma è troppo magra. Ragazza, devi avere le tette, il culo, devi essere femmina, se no un uomo dove mette le mani?». Tutti sapevano che lui amava le donne prosperose, alla Sandra Milo per capirci.

In questi miei giri a Cinecittà feci molti incontri: vidi tante volte Marcello Mastroianni, e nello studio della Dear conobbi Alain Delon che era lì per girare *Zorro*. Io avevo fatto una partecipazione in un filmetto, e un pomeriggio uscivo dal mio studio quando non vedo Alain Delon che passa? Era il mio mito, avevo i suoi poster in camera. Tornai a casa tutta eccitata, saltellando quasi dall'emozione e raccontai la cosa alle mie amiche Bettina, Sonia e Renata: «Ragazze, c'è Alain Delon, dovete venire a vederlo!». Più facile a dirsi che a farsi, però.

Il giorno dopo mi accompagnarono al lavoro: lo vedemmo passare vestito da Zorro, mentre andava dal camerino verso il set, bellissimo, e sospiravamo come delle ragazzine! «Oddio! Come facciamo a conoscerlo? come facciamo ad avvicinarlo?» In gruppo ci gasavamo a vicenda.

A un certo punto lui notò noi quattro che lo additavamo al bar e ci fece un enorme sorriso. Lì pensai di sciogliermi! Non potevamo lasciarlo andare così, senza parlargli. Mi venne l'idea di rivolgermi al direttore di produzione: un uomo alto, mezzo pelato, col sigaro, non troppo disponibile: «Cosa volete?» ci chiese.

Con una faccia tosta incredibile io risposi: «Niente, credo che il signor Delon ci voglia conoscere». Bugie tanto grosse che non finivano più! Le mie stesse amiche mi guardavano stupite.

«Ah, tutte qua che venite per questa merda di francese, ah, cazzo, siete tutte qua voi ragazzine, che rottura!» Per farla breve: ci trattò malissimo e ci cacciò fuori semplicemente perché frustrato e invidioso di Alain Delon. Ma noi non ci lasciammo scoraggiare e tornammo a Cinecittà anche il giorno dopo.

Era pomeriggio e pioveva che Dio la mandava e le ragazze mi vennero a prendere con la macchina; mentre loro parcheggiavano io scesi: avevo l'impermeabile e sotto una tuta blu, tutta ben truccata per la comparsa a cui lavoravo, e con un grande ombrello.

A un certo punto passò proprio Delon, mi gettò un'occhiata incredibile e mi rivolse la parola: «Tutto bene?» parlando con accento francese un perfetto italiano.

«Tutto bene» gli faccio io, paralizzata per l'emozione e senza riuscire a cavare una parola di bocca feci l'indifferente.

Poi lui salì una scala che portava ai camerini. In quel momento arrivarono le mie amiche e raccontai loro cosa si erano perse: «Cavolo, è passato! Mi ha detto: "Tutto bene?", solo che io ho risposto impassibile, quasi senza dargli confidenza!».

«Ma come? È da due giorni che proviamo a fermarlo e tu te lo lasci scappare così?»

«Eh, volevo vedere voi. Ma quanto c'avete messo a parcheggiare?»

Nel frattempo io rividi passare il tizio della produzione che ci aveva trattate male e con fermezza insistetti: «Guardi, Delon in persona mi ha chiesto di andare da lui! Per favore vada a bussare alla sua porta e dica che c'è una ragazza sotto che gli deve parlare!».

«Eh! Io non faccio 'ste cose! Non sono il vostro ruffiano!»

«Allora vedrà che si incazzerà perché è già la seconda volta che lei si rifiuta di aiutarmi. Per favore, vada su: vediamo chi ha ragione e se ho torto vado via. Magari è una questione di lavoro, non so. Io sono un'attrice all'inizio della carriera, la prego!»

Allora andò su da Alain. Io e le ragazze eravamo eccitate e spaventate allo stesso tempo. Eravamo lì lì per scappare, quando tornò il tizio burbero: «Venga, venga su. Ha detto che può salire solo una persona, però». Mi pigliò uno sconforto!

E allora io chiesi a tutte e tre: «Chi è che vuole andare?».

«No, no, vai tu Dalila!» Mi spinsero a forza per la scala esterna che portava ai camerini, mi tremavano le gambe. E tra me e me pensavo: "E mo' che gli racconto a questo?". Non sapevo proprio che dire.

Entrai nella stanza e lui stava al telefono, il responsabile di produzione mi abbandonò e chiuse la porta. Mi fece segno di sedermi su un divanetto e capivo appena, visto che parlava in francese, che chiacchierava al telefono di cavalli da corsa. Le mie gambe nel frattempo non riuscivano a stare ferme per l'agitazione e giocavo con l'ombrello facendolo ruotare nervosa.

Mise giù il telefono e mi sparò secco: «Ma sei agitata? Che fai con quell'ombrello? Appoggialo!».

Mi stupii perché parlava perfettamente italiano. Non sapevo da che parte guardare e da dove cominciare a spiegargli perché ero lì: i suoi occhi erano una calamita e io non riuscivo a guardarlo più di qualche secondo.

«Sono salita per dirti che volevamo conoscerti, ma tra un po' dobbiamo andare.»

«Dove? Con chi?»

«Ho tre amiche giù che mi devono portare a casa. Anche loro ti volevano conoscere.»

«Vai a dire che può salirne solo una.»

E così feci! Venne Renata ma stette pochi minuti perché lui la congedò dicendole: «La riporto a casa io Dalila, ciao!».

Mi prese uno sgomento... Io avevo fatto in modo che fosse una cosa di gruppo, avrei voluto che Delon uscisse con tutte e quattro e adesso non potevo isolarle, mi sentivo quasi in colpa. Quindi, accompagnandola alla porta, mi affacciai e le altre, curiose, mi chiesero: «E allora?».

«Ha detto che mi porta a casa lui, poi vi racconto. Ci vediamo dopo.»

«Ok, ok» e andarono via tutte e tre con la delusione stampata in faccia.

Ritornai nel camerino, Delon mi guardò più attentamente e mi disse: «Che bella faccia che c'hai». Le stesse parole di Fellini! «Ma perché ti sei truccata così?»

«Eh, ho fatto una comparsa qui sotto: sono i miei primi passi in questo mondo del cinema. Sto studiando per diventare attrice.»

«Ci riuscirai,» mi fa «con quella faccia lì ce la farai senz'altro. Vieni con me.» Mi afferrò la mano e mi portò in bagno.

Mi spalmò della crema sul viso e cominciò a struccarmi togliendo via tutto il trucco del set.

Poi mi ordinò: «Lavati!». Rimasi senza trucco e senza parole.

«Ecco, adesso sei più bella.»

Poi un silenzio lungo una vita e i suoi occhi che mi fissavano.

«Che fai stasera?»

«Non lo so, niente di particolare.»

«Ecco, adesso che mi hai conosciuto, che fai stasera?»

Ripeto: «Non lo so». E rimango un po' titubante pensando alle mie amiche a casa. Mi facevo scrupolo per loro.

«Avevo un appuntamento con le mie amiche che prima erano giù.»

«Puoi andarci un'altra volta con loro» fa lui. «Tanto le vedi sempre. Stasera vieni con me a cena e mi fai compagnia.»

«Ah, va bene» rispondo come se fosse normale accettare un invito a cena di Alain Delon; invece dentro di me tremavo e mi ripetevo "Oddio!". Questa sono io: altre forse si sarebbero buttate a pesce!

A quel punto chiamò la sua macchina che lo aspettava giù: da buon francese nazionalista, aveva una Citroën blu guidata dall'autista. Scendemmo dal camerino riparati dall'ombrello perché pioveva ancora moltissimo. Ricordo come fosse oggi che lui indossava dei pantaloni neri, una giacca di nylon scura e una camicia bianca che faceva spiccare ancora di più i suoi occhi blu: era davvero bellissimo.

Ci sedemmo sul sedile posteriore, uno a fianco dell'altra. Mi tirò a sé e mi chiese di mettere la testa sulla sua spalla. Senza fiatare lo feci: mi batteva il cuore a duecento all'ora! Quindi cominciò ad accarezzarmi il viso. Poi abbassò il finestrino dalla sua parte: guardava fuori, la pioggia dava una luce particolare alle vie di Roma. Lo guardavo e mi sembrava di essere dentro il fotogramma di un film. Nel frattempo le gocce gli bagnavano la faccia e lui con noncuranza le lasciava colare fino al collo: accentuavano il suo fascino e io ne ero ipnotizzata.

Chiuse il finestrino e mi chiese: «Di dove sei?».

Pensando che non conoscesse Udine risposi solo: «Sono veneta».

«Ah! Che bella città è Venezia. Ho dei bei ricordi in Italia. Adesso sono ospite da Renato Salvatori che è rimasto un grande amico dopo che abbiamo fatto *Rocco e i suoi fratelli*. Ha una casa bellissima dietro piazza Venezia che si affaccia sui Fori romani. Ha organizzato una cena per me stasera. Tu vieni, vero? Ti mando a prendere con la mia macchina.»

Io non replicai e feci un cenno con la testa: «Va bene».

«Dove abiti?»

«Via Salaria.»

Lui ripeté l'indirizzo all'autista e mi lasciarono sotto casa: «Ti lascio il mio numero?».

«No, non c'è bisogno, ti do il mio.» E gli lasciai il mio telefono.

Salii le scale saltellando, come se sparassero dentro il mio cuore delle schioppettate: bang, bang, bang! Ero tutta contenta, e la prima cosa che feci fu chiamare le mie amiche e trovai solo Sonia.

«Ma ti rendi conto? Questo mi ha chiamato, e ha voluto il numero perché vuole uscire con me stasera.»

A sentire queste parole Sonia mi buttò giù il telefono in faccia fraintendendo tutto! E dire che per me era come una sorella! Ci rimasi così male, che non ci pensai due volte: presi di nuovo l'impermeabile e mi fiondai giù in strada perché lei abitava vicino casa mia. Suonai il citofono urlando: «Ma che cavolo ti sta prendendo?!».

Fu senza pietà: «Ah, sei una bella stronza!» e mi sbatté la porta in faccia in preda a un attacco di nervi. Avrei voluto spiegarle che ero condizionata emotivamente dal grande magnetismo di Delon: nel vortice di emozioni di quella giornata non ero stata capace di rifiutare l'invito, né di gestire al meglio la situazione. Ci sarebbero state però altre occasioni per uscire tutte insieme con lui.

Mi sarei aspettata che lei gioisse con me di questo invito, invece di sentirsi esclusa.

Io per questa cosa ci rimasi davvero malissimo: tanto male che decisi di non uscire con Delon, giusto per dimostrare alle mie tre amiche quanto volessi loro bene e che non le avrei mai escluse. Loro venivano prima di tutto. Ho preferito rinunciare alle foto dei rotocalchi con Delon, e salvare un'amicizia importante.

Così quando l'autista di Delon suonò alla mia porta quella sera non risposi. Il citofono squillava, squillava, ma io non scesi di nuovo nella Citroën blu. La vidi andare via dal terrazzo. "Che figuraccia sto facendo con lui!" pensavo. Non avevo nemmeno il suo numero di telefono per dargli una spiegazione e scusarmi della scortesia. "Magari ho perso l'occasione di conoscere meglio Delon e di fare un film con lui" dicevo tra me e me. "Fare un film con lui sarebbe un sogno!"

Non potevo sapere allora che dieci anni dopo sarebbe successo davvero!

Chiamai Renata tutta innervosita e le raccontai della scenata che mi aveva fatto Sonia. Lei tagliò corto e disse: «Ci sentiamo domani». Anche lei era fredda. Non ci dormii quella notte. Rimanemmo arrabbiate per una settimana.

Ma la storia non finì lì: senza dirmi nulla, le mie tre amiche tornarono sul set il giorno dopo, bussarono al camerino di Delon, e lui le portò fuori a cena. Per caso vidi le loro foto sui giornali scandalistici che alla fine scrissero che Renata aveva avuto un flirt con lui.

Belle amiche. E avevano avuto il coraggio pure di farmi la predica! Quando vidi quelle foto fui davvero delusa, non mi meritavo quella pugnalata.

Dalla delusione accettai un'inaspettata offerta di lavoro e partii per New York dove rimasi quattro mesi. Lì ricevetti una lettera di Sonia: si scusava per l'episodio. «Con questa mia vorrei dirti quanto mi dispiace averti perso,» scriveva «mi rendo conto che abbiamo sbagliato e spero che tu possa dare una nuova *chance* alla nostra amicizia. Ci tengo molto a te. So che sei a New York per lavoro e spero che, quando ritornerai, tu abbia voglia di rivedermi.»

Ebbi dei forti dubbi. Ci ho messo del tempo per comprendere se era più grave il loro errore o più grande l'amicizia che ci legava. Penso che se tieni a un'amica con cui hai avuto un diverbio, chiarire è la cosa migliore. A me non avevano dato questa possibilità, ma io volevo darla a loro, così accettai le scuse di Sonia.

Il destino fu buffo: ero una pischella quando "diedi buca" a Delon, a diciannove anni. Dieci anni dopo, quando ero già un'attrice affermata, lui vide una mia foto sul giornale e disse: «Voglio questa donna per il mio film». Quando andai per il provino a Parigi, lui non riconobbe in me la ragazza di dieci anni prima, e mi trattò inizialmente come una sconosciuta.

Io gli rammentai l'aneddoto del nostro incontro romano, lui rimase sorpreso, cadendo dalle nuvole, e ci ridemmo sopra!

Coincidenze incredibili. O meglio: un sogno che si avverava, dopo averlo così fortemente desiderato per tanto tempo. Perché alla fine è così: le cose più belle accadono sempre, se le vuoi veramente.

A pagare l'affitto della casa di via Anapo ci aiutò per un periodo anche Gabriele, un ragazzo vicentino in rotta con la sua agiata famiglia: molto ben educato, creativo, premuroso, ma anche timido, irrisoluto, sognatore e figlio unico. Era a Roma per ritagliarsi un suo spazio, per intraprendere una carriera da artista lontano dalla piccola e soffocante città d'origine, ma senza troppa convinzione.

Lo avevo conosciuto a Lignano dove veniva in villeggiatura con i suoi, quindi lo consideravo un amico da sempre; cercava un posto dove sistemarsi e mi chiese ospitalità, anche un divano-letto gli sarebbe bastato; in cambio si offriva di pagarci mezzo affitto! Non contento di contribuire alle spese di casa, ci portava a cena fuori, si occupava di me e Bettina come un fratello.

Un giorno venne a prendermi a un provino e sul set conobbe una ragazza, anche lei mia amica, Carlotta: capelli biondi, pelle diafana, tratti androgini, un'eleganza distaccata. Gabriele ebbe il classico colpo di fulmine: lei così insicura, tormentata, rappresentava il suo ideale di donna angelo. Iniziò a scriverle poesie, a dipingere quadri per lei, a fotografarla, ma Carlotta non ricambiava. O meglio: gli si era affezionata, lo frequentava per simpatia e perché era un bellissimo ragazzo, ma non ne era veramente innamorata.

Iniziarono una strana e brevissima relazione: si vedevano ogni tanto ma qualcosa non funzionava. Carlotta mi confidò un giorno: «Gabriele è strano: è così sensuale, ma anche così sensibile... Facciamo l'amore, ma alla fine piange. Gli chiedo il motivo ma non mi risponde. Rimane muto, poi si alza e se ne va. Mi mette a disagio. Non mi era mai successo prima».

A queste condizioni lei non voleva continuare quella *liaison*. Carlotta voleva un uomo protettivo, rassicurante: si staccò presto dal mio gruppo, conobbe un uomo maturo, lo sposò e andò con lui in India, a Delhi. Così in pochi mesi, lasciando tutti di sasso.

Gabriele era inconsolabile: non avevo mai visto un uomo soffrire così tanto per amore! Andava in giro per casa con la faccia stralunata, depresso. Come se portasse sulle proprie spalle tutta l'infelicità del mondo.

Nel frattempo io avevo cominciato a lavorare, avevo già recitato nel film di Andy Wahrol ed ero stata invitata a fare delle foto all'estero, prima a Londra e poi a Parigi. Helmut Newton volle fotografarmi in Inghilterra per «Lui», un giornale francese tipo «Playboy» ma più sofisticato: il set era un castello inglese, l'ambientazione alla Frankenstein, io ero tutta bendata, seminuda, dietro una poltrona di pelle, vicino a un lord inglese con i cani, insomma delle foto particolari e geniali come solo lui sapeva fare!

Da Londra andai a Parigi per «Vogue Francia», per altre foto. Ma non volli partire da sola per quel doppio viaggio e chiesi a Gabriele di accompagnarmi. Lui da grande amico accettò subito.

Prima di partire però, vide ancora Carlotta, che era rientrata in Italia per lavoro. Ebbero un'altra notte d'amore. Lei era come un'ossessione per lui. Il giorno dopo partimmo per Parigi.

Nella *ville lumière* avevo diverse conoscenze e così mi invitarono a una festa e ovviamente ci andai con Gabriele. Incontrai lì un mio amico romano, nobile, giovane, omosessuale.

Appena vide Gabriele impazzì, ne fu letteralmente stregato. Io andai via verso le undici perché l'indomani dovevo fare le foto e quindi dovevo alzarmi presto, così lasciai Gabriele con quel mio amico gay simpaticissimo, anche se lui sembrava un pesce fuor d'acqua in quella serata così colorata e alternativa.

Non lo vidi per tre giorni. Ci ritrovammo sull'aereo del ritorno per Roma. Mi confessò senza troppi giri di parole: «Non mi ero mai divertito così come in questi giorni! Il tuo amico mi ha portato a una festa di *drag queen*, è stato incredibile!».

Era tutto eccitato, sorridente, un'altra persona. «Ho lasciato il numero a tanti, Parigi è la mia città, qui posso dipingere, trovare me stesso, fare quello che mi piace!» In effetti, tornò in Italia, riuscì a strappare alla famiglia il permesso di studiare arte in Francia, e presto tornò lì.

Mi mandò una lettera da Parigi per spiegarmelo: «I miei genitori mi danno la possibilità di studiare pittura qui, di fare degli stages. Spero di crearmi un futuro e di essere più felice!».

Un po' di tempo dopo, Gabriele tornò a Roma per il Capodanno, e ritrovò Carlotta al cenone: aveva appena perso il marito, per un infarto, ed era ancora sotto choc. Passammo la sera in una splendida villa di Roma. E loro due andarono ancora a letto. Poi Gabriele tornò a Parigi, Carlotta rimase a Roma dove mi confidò: «Gabriele è una nuova persona, gli ha fatto bene stare a Parigi, l'ho visto più sereno, diverso. Crede molto in quello che sta facendo, mi sembra realizzato come pittore: mi ha parlato per ore dei suoi quadri. Ci siamo ritrovati, ma ho capito che è stata l'ultima volta. Ormai ognuno ha la sua vita. Non ce lo siamo detti ma è stato come un addio».

E lo sarebbe stato se lei non avesse avuto un lungo ritardo del ciclo. La creatura che portava in grembo era figlia di Gabriele. Carlotta accettò quel figlio come un nuovo senso alla sua vita (anche perché il marito le aveva lasciato una grossa eredità e non aveva problemi economici) ma non volle dirlo a Gabriele. Mi disse: «Questo bambino sarà per me una rinascita. Lo cercavo da tempo, non importa di chi è! Per me è un regalo del cielo e lo voglio tenere».

Nove mesi dopo, mi sembrava comunque giusto avvertire il mio amico di quello che stava succedendo. A pochi giorni dal parto telefonai a Gabriele, a Parigi. Doveva sapere di quel bambino. Al telefono mi risponde un ragazzo, molto effeminato, con una voce squillante: «Gabriele non è in casa, però, cara, lo trova stasera!».

In effetti la sera mi risponde lui. «Dalila! Io ti devo ringraziare! Mi hai aperto gli occhi e Parigi ha fatto il resto!» Non era più il ragazzo indeciso che avevo conosciuto. Allegro, solare, era esploso completamente! «Adesso ho trovato chi sono: basta paure, insoddisfazioni, insicurezze. Sono stufo di barare con me stesso e con gli altri. Non posso più negare la realtà: io mi sento una donna, io sono una donna!»

Credo di avere avuto una paralisi per qualche secondo perché devo dargli la notizia del bambino... Mi faccio coraggio.

«Io ti avevo chiamato per dirti una cosa. A questo punto non so se ti farà piacere. In ogni caso devo dirtela. Carlotta tra qualche giorno avrà un figlio. E quel bimbo è tuo.»

Silenzio dall'altra parte del telefono. «Pronto? Pronto?» urlo nella cornetta. Niente. Dopo poco sento un'altra voce, l'amico che mi aveva risposto: «Gabriella! Oddio, riprenditi!». Sento una confusione, un'agitazione!

«Amore, ti prego, riprenditi! Cos'è successo?»

Il fatto di sentire chiamare Gabriele con un nome femminile mi suonava stranissimo, non riuscivo a immaginarmelo. E tra me e me pensavo: "E adesso a Carlotta chi lo dice?".

Dopo qualche minuto, riprende in mano il telefono: «Cosa hai detto, Dalila? Che Carlotta aspetta un bambino mio... Non ci posso credere!».

«Sì, è così. Ma perché ti fai chiamare Gabriella?» chiedo.

«Forse non hai capito... Adesso io *sono* Gabriella!»

«Ma di nome o di fatto?» azzardo io.

«Di fatto, di fatto!»

Deglutisco: «E adesso?».

«È la cosa più bella che mi sia successa! Anche perché non potrei più averne uno mio perché sono ormai una donna. In ogni caso sono contenta per Carlotta. Farò di tutto per venire a Roma! Avvertimi quando sarà il momento!»

Il giorno della nascita arrivò e in effetti Gabriele venne a Roma. L'appuntamento era nella clinica dove Carlotta doveva dare alla luce una bimba. Io fumavo davanti all'ingresso principale e lo aspettavo lì. Non vedo camminare verso di me una donna, alta, bionda, con un tailleur Chanel bianco e rosa, le perle, il rossetto?!

«Dalila! Sono io!»

Che colpo! Non credevo ai miei occhi: vedevo davanti a me una donna elegantissima e mai avrei detto che era stata un uomo fino a poco tempo prima. Lo abbracciai immersa in una nuvola di profumo inebriante.

«Tesoro, come mi trovi?!»

«Benissimo, ma ci devo fare l'occhio! Sei in ritardo, quindi saliamo subito da lei che ha appena partorito. Non sei curioso di vederla?»

«Amore, se non mi viene un infarto oggi non mi viene più!»

«L'importante è che tu sia felice!»

«Adesso particolarmente. Portami subito da lei!»

Salimmo velocemente al primo piano. Ci fecero entrare nella stanza per salutare Carlotta che, appena riconobbe Gabriele, superato lo smarrimento iniziale, proruppe in una fragorosa risata. Appena vide la donna che aveva amato e venerato, Gabriele si commosse. Un lungo abbraccio riunì quelle due anime inquiete. Eravamo tutti così emozionati che non riuscivamo a dire niente. Quella scena surreale durò qualche minuto.

E prendendo in braccio quella neonata così piccola e perfetta, Gabriele confessò finalmente a Carlotta tutto il suo amore: «Ho amato solo te, sei stata il mio angelo. Il mio amore per te sarà eterno. E questa bimba avrà un significato ancora più forte nella mia nuova vita da donna. Conta su di me, non ti lascerò più adesso che so chi sono».

Un'infermiera, appena entrata nella stanza, interruppe questo momento magico chiedendo autoritaria: «Dov'è il papà di questa bellissima creatura?».

Momento di panico. Nessuno degli amici presenti sapeva cosa dire. Fu Gabriele che provò a togliere l'imbarazzo: «Non c'è un babbo però... questa bambina avrà due splendide mamme!».

4
LA GATTA SUI TETTI
(Roma, piazza di Spagna)

Il caso in realtà non esiste.
Quello che sembra il più banale fatto fortuito
nasce dalle radici profonde del destino.

JOHANN VON SCHILLER

San Pietro e tutte le cupole della capitale. L'arancione fuso nell'azzurro, strisce di rosso che si baciano, il giallo che squarcia il bianco e arriva agli occhi come uno schiocco di frusta. Dalle finestre della mia casa su piazza di Spagna avevo Roma ai miei piedi e vedevo dei suggestivi tramonti, i più belli del mondo. Mi bastava sedermi sulla poltrona vicino al camino in un salone che aveva delle grandi vetrate panoramiche e osservare quel miracolo costante sulla capitale: che fortuna!

Nelle notti di luna piena, d'estate, dalla terrazza di una camera, riuscivo a sdraiarmi quasi sul tetto. Con la musica di Frank Sinatra di sottofondo, contavo le stelle cadenti.

Sin dalla prima visita avevo amato quell'appartamento in piazza di Spagna: era stato un colpo di fulmine. Avrei potuto vedere altre cento case, magari meno care, ma io volevo solo quella. La presi forse con incoscienza: non sapevo infatti quanto avrei potuto restarci, ma sentivo proprio che era fatta per me.

Andando dalla fontana della Barcaccia verso via della Propaganda, la piazza si allarga, fa una specie di rientranza, giusto in corrispondenza della colonna dell'Immacolata Concezione e diventa piazza Mignanelli. Lì c'è il palazzo dove abitavo, giusto ad angolo, a pochi metri dall'atelier di Valentino: quando mi affacciavo potevo vedevo le sarte che cucivano degli abiti meravigliosi.

Il mio appartamento era il più alto, un attico. Nello stabile abitava Elsa Martinelli, a un altro piano persone nobili, insomma era un condominio ben frequentato. Poi sotto di me venne un imprenditore con la famiglia; aveva un figlio che ne combinava di ogni tipo: la sua camera si affacciava sullo stesso cavedio sul quale era esposta anche la mia. Sentivo l'eco di tutto quello che faceva quando non c'erano i suoi genitori. Mi dava il tormento: musica a tutto volume e i gemiti delle sue notti amorose!

Nonostante fosse un palazzo davvero elegante, c'era anche un'aria familiare e calda: il portiere e sua moglie, romani, erano delle persone davvero genuine, di cuore. Quando preparavano piatti particolari, tipo i ceci o l'amatriciana, venivano su da me con un piattino e mi facevano assaggiare quelle delizie. Del resto, l'atmosfera di Roma, si sa, è accogliente e informale.

Io stavo da dio in quella grande mansarda ricavata dal sottotetto, con le travi di legno a vista e su tre livelli: l'ingresso immetteva subito su una scalinata con dei quadri alle pareti che portava al primo livello. Lì c'era la mia camera, romanticissima, con tre finestrelle (da cui allungando la mano potevo toccare le tegole del tetto), il bagno e un salottino con un grande pianoforte bianco e una poltrona beige a forma di guanto da baseball: l'avevano usata nel film di Roman Polański *Che?*, e me l'avevano poi regalata.

Dall'altra parte, scendendo tre gradini, c'era un'enorme camera da letto con una terrazza e un suo bagno, tutto mansardato. Poi dal salottino, salendo una rampa di scale, trovavi la cucina con le vetrate su Roma, poi quattro scalini, un altro grande salone con balcone, camino alla francese, e dietro quest'ultimo una porta di legno chiaro che nascondeva un bagnetto per gli ospiti: al posto delle pareti c'erano delle grandi porte-finestre che affacciavano nella enorme terrazza.

Essendo in un punto così centrale ed elegante di Roma, questa casa aveva un neo, l'unico: dovevo sempre stare attenta a uscire ben vestita ed evitare i paparazzi che facevano a gara a fotografarmi. Dovevo difendere la mia privacy coi denti. In ogni caso io ero disinvolta, non volevo farmi condizionare e me ne fregavo: vestivo casual, indossando un impermeabile sopra la tuta! I fotografi erano tremendi. Qualsiasi uomo salutassi, diventava subito il mio fidanzato su qualche rivista. E poi tutti mi incontravano e mi chiedevano conferma... Che tormento!

Per cui stavo come su un trespolo, nel mio attico, e da lì vigilavo sulla mia serenità e soprattutto su quella di mio figlio che nel frattempo avevo portato con me a Roma: che gioia, finalmente!

Non volevo però che facesse una vita sotto i riflettori e i flash. Era piccino, aveva appena sei anni, e volevo che giocasse a pallone, che si sbucciasse le ginocchia come ogni altro bambino, e lo portavo spesso a Villa Borghese.

Un giorno presi un grande spavento. Christian si perse in città: la baby-sitter (che venne poi licenziata) si era dimenticata di andarlo a prendere alla scuola americana, sulla Aurelia. Chiamai la scuola e lui non c'era. Forse aveva preso il pulmino che lo portava in piazza Venezia con tutti gli altri bambini. Andai nel panico, non sapevo dove cercarlo e Roma è una città immensa!

Mi si raggelò il sangue e avvisai i carabinieri. Ma con

sorpresa, mentre ero agitatissima, qualcuno suonò alla porta. E me lo trovai davanti sano e salvo, così piccino! Non capivo come avesse fatto a tornare da solo. Lo abbracciai tutta rassicurata e stupita dalla sua acutezza e dal suo senso dell'orientamento. Aveva avuto l'istinto di prendere il pulmino. Era sceso nella trafficatissima piazza Venezia e, percorrendo via del Corso, era riuscito a ritornare.

Ho trascorso in quella casa bellissima degli anni meravigliosi, così frenetici, pieni e ricchi di fortuna che non mi sono neanche accorta di viverli. Appena vi misi piede mi arrivarono un sacco di proposte di lavoro; in quel periodo girai infatti dei film a cui sono ancora molto affezionata: *Oh, Serafina!* di Alberto Lattuada, *Tre tigri contro tre tigri* di Sergio Corbucci e Steno, *Il gatto* di Luigi Comencini, *La ragazza dal pigiama giallo* di Flavio Mogherini, *Un dramma borghese* di Vancini, *Quando la coppia scoppia* e *L'Italia s'è rotta*, entrambi di Steno, *Voltati Eugenio* di Comencini, poi pubblicità, servizi fotografici e di moda.

Subito dopo il trasloco in piazza di Spagna arrivò il primo film da protagonista: mi avevano chiamato per fare un provino per *Oh, Serafina!* Al casting chiesi al telefono di parlare con Lattuada: avevo letto il libro e sentivo che era nelle mie corde.

Il regista mi richiamò poco dopo. Gli dissi: «Alberto, vorrei vederti di persona. Se puoi venire qui, forse è meglio».

Accettò e venne a trovarmi con lo scrittore Giuseppe Berto. Li ricevetti sul mio terrazzo e offrii loro un tè. Li conquistai dicendo solo: «Io non faccio il provino, io *sono* Serafina». Con questa frase semplice e decisa il ruolo fu mio.

Lì si realizzarono tutti i miei sogni, compresa la voglia di avere con me mio figlio: la volontà e il senso di protezione che volevo dare al mio adorato Christian furono le molle con cui resi la mia vita migliore.

Con la grinta e la determinazione possiamo ottenere infatti cose che non immagineremmo nemmeno. Fu l'universo che percepì il mio desiderio e lo realizzò oppure quell'appartamento mi portò molta fortuna. In seguito avrei voluto comprarlo, ma era davvero caro. Quando poi il lavoro andò bene e avrei potuto permettermelo, chiesi ai proprietari di vendermelo. Lasciai un anticipo dal notaio ma il loro figlio si oppose e mi restituirono la somma. Abbandonai dopo dieci anni quella casa meravigliosa solo per il bene di Christian.

Solo quando cambiai casa mi resi conto di quanti ricordi belli, spensierati, gratificanti, di quante soddisfazioni mi ero lasciata alle spalle.

Le confidenze di Gian Maria Volonté

Nel 1980 mi successe un episodio particolare. Stavo lavorando con Gian Maria Volonté al film *Stark System*. La lettura del copione mi aveva lasciato alcune perplessità, non mi sembrava infatti un gran film, ma desideravo prendervi parte per non perdere l'occasione di lavorare con un grande attore come Volonté. Era un po' orso, sfuggente, con una voce gutturale molto profonda, con lui non ero riuscita a instaurare un rapporto di amicizia: mi incuteva soggezione. Tra noi non si era creata quella confidenza che invece di solito si realizza sul set; solo buon giorno, grazie, prego.

Una sera ero tornata particolarmente stanca dalle riprese ma, nonostante questo, stavo in camera a studiare il copione ripetendo le battute per l'indomani. Mia madre aveva messo Christian a letto e guardava la televisione in soggiorno.

Alle dieci e mezza suonò il citofono. "Chi cavolo è a quest'ora?" pensai.

Andai alla porta: «Chi è?».

«Sono Gian Maria, aprimi per favore» con la sua voce bassa e cupa.

Ero stupita. Pensavo che si trattasse del film, che fosse cambiato qualcosa all'improvviso. Salì e percorse l'ultima rampa di scale.

«Ciao, accomodati» dissi io un po' impacciata, ma anche con curiosità. Mia madre si affacciò per vedere chi fosse, lo salutò con un cenno e sparì in un'altra stanza.

«Ci possiamo mettere in un posto tranquillo?» mi chiese quasi sottovoce.

Lo portai nel salottino. Io mi sedetti sul divano, lui pure, di fianco a me.

«Perdonami, se sono venuto qui, volevo parlare con qualcuno perché mi è successa una cosa terribile.»

Mi sentii investita dal peso di una grossa responsabilità che non sapevo ancora quale fosse. Non feci altro che lasciarlo parlare.

«Sono disperato.»

«Perché?» dissi io.

«Sono appena uscito dalla clinica dove ho fatto degli esami e mi hanno trovato un tumore ai polmoni.»

Io rimasi scioccata. Non eravamo affatto amici. Perché dirlo a me per prima e non a sua moglie o ai suoi cari? Non sapevo cosa dire. Per paradosso, chi è anaffettivo riesce a parlare meglio con le persone con cui non ha confidenza o rapporti, ma mi trovavo per la prima volta in una situazione così forte.

Come se lui si affacciasse alla fine della sua vita, questo buco di dolore lo spingeva a parlare e lo ascoltai per ore. Era quello che lui cercava. Qualcuno che lo ascoltasse. Molte volte, chi ha un peso, ha paura di affrontarlo con le persone care.

«Tra poco dovrò operarmi.»

Lo abbracciai. Ero dispiaciuta e impotente. Non sapevo cos'altro fare. Quali parole usare per consolarlo? All'epoca era una malattia grave.

«Tu verrai a trovarmi quando mi opereranno?»

«Certo, ci sarò» risposi. «E sono sicura che andrà tutto bene.»

Non sapevo cosa fare per dimostrarmi all'altezza di un segreto così grande. Per lui acquistò un significato importante questo sfogo, e se ne andò verso l'una del mattino. Ci abbracciammo e capii quanto è importante anche solo ascoltare qualcuno.

Il giorno dopo sul set non provai più disagio, ma complicità per quel segreto. Appena lo vidi lo abbracciai e lui mi disse: «Scusa se ieri ti ho messo in imbarazzo venendo da te. Non so nemmeno io come mi sia venuto in mente di darti questo peso, ma ero fuori di me. Però ho capito che sei una persona molto cara e sensibile come pensavo. Istintivamente mi aspettavo che fossi così e non mi sono sbagliato. Grazie per avermi ascoltato».

«Grazie a te che mi hai dato una fiducia così grande.»

Quando si operò, andai in clinica. Appena uscito dalla sala operatoria, era semiaddormentato. Gli presi la mano e lui mi disse soltanto: «Sono stravolto». Replicai prontamente: «Io ti sarò sempre vicina!», e lo lasciai riposare.

Quando tornai la seconda volta a trovarlo c'erano tutti i suoi amici e mi sembrava di essere di troppo.

Così gli lasciai un biglietto: «Caro Gian Maria, sappi che puoi sempre contare su di me. Sempre. Quello che devi trarre da questa difficoltà, è che nella vita i momenti dolorosi non arrivano mai per caso; ci sorprendono quando siamo in grado di sperimentarli e sopportarli. Perciò la sofferenza non dipende solo dalla sfortuna, è anche un'opportunità per crescere e capire noi stessi e la vita. Tu sei più forte di tutto quello che ti può capitare. Sorridi alle tue paure e procedi oltre: ce la farai. Ti abbraccio, Dalila».

Il destino bussa alla tua porta

In quel palazzo di piazza di Spagna, al secondo piano, abitava anche una signora ricchissima abbandonata dal marito. A cinquantacinque anni era ancora una bellissima donna, però distrutta dalla delusione. Era la maschera dell'infelicità, anche se apparteneva a una famiglia benestante: era svuotata più che riempita da quelle cose che tutti vorrebbero possedere.

Quando il marito la lasciò per la segretaria giovane e provocante, si ritrovò senza più la forza di reagire. Pur avendo tutto, le mancava tutto; per cui s'era chiusa in casa, completamente abbandonata a se stessa, senza più freni. Beveva, fumava e si lasciava andare, senza tenere più i contatti con nessuno. Insomma: vegetava in uno stato irreversibile di decadenza morale e psicologica.

C'è un momento nella vita di una donna in cui si devono fare i conti con l'età, ed è difficile ricrearsi un equilibrio e una stima di se stesse se tuo marito ti ha appena lasciato per una più giovane di trent'anni.

Subentra la sfiducia, la stanchezza di credere che

qualcosa possa accadere di bello, proprio a te; sembra impossibile aprire un nuovo libro, cominciare un nuovo capitolo.

Ecco, quella signora era ormai disgustata e stanca di vivere. Fino a che un giorno il destino non irruppe nella sua vita bussando all'ingresso principale.

Un ragazzo sui quarant'anni, meticcio, le suonò alla porta.

Lo vide dallo spioncino. "Ma perché il portiere dello stabile fa salire certa gente?" pensò lei su tutte le furie. La servitù del resto, l'aveva licenziata per colpa del suo carattere bisbetico e intollerante, quindi dovette andare ad aprire di persona.

«Chi è?» urlò sguaiata la signora.

«Sono un missionario. Arrivo dall'Africa, dal Madagascar e vorrei scambiare due parole con lei, se mi apre la porta.»

«Non me ne frega niente, non ho voglia di niente» tagliò corto lei.

«Ma mi ascolti un attimo, non sa nemmeno cosa voglio. Le giuro che sono una persona perbene. Non sia diffidente. Sono un medico e vado alcuni mesi all'anno in Africa come volontario per aiutare chi è meno fortunato di me.»

Attraverso lo spioncino il ragazzo continuava a parlare, a spiegarle i bisogni della sua missione.

Controvoglia all'inizio, poi sempre un po' più interessata, lei lo ascoltava restando attaccata alla porta con una vestaglia addosso, fumando e forse pure un po' ubriaca. Era come se le fosse arrivato all'improvviso uno spiraglio di vita, un messaggio di speranza, delle parole di bontà che lei aveva dimenticato da troppo tempo.

Il missionario continuava con zelo e passione il suo

monologo: «Lei non deve aver paura di me, perché io cerco solamente di aiutare il mio popolo, la gente che soffre, che non ha nulla da mangiare, gente che è felice senza niente, ma sorride comunque. A lei non costerebbe nulla dare una mano a queste persone. Quello che per lei è poco, per loro è tutto!».

Il monologo diventò presto un dialogo. La signora aprì di uno spiraglio la porta, lasciando la catena, per guardarlo in faccia e passargli cinquantamila lire dell'epoca, dicendogli con voce stanca e delusa: «Beato te che ancora credi nell'umanità!». Poi, borbottando proseguì: «Prenditi questi soldi e vai per la tua strada... Ad aiutare i tuoi poveri». E aggiunse, quasi tra sé e sé: «E a me, chi mi aiuta?».

Lui quasi non voleva accettare: «Non è che voglio questo tipo di carità, lei deve essere convinta di quello che sta facendo dandomi i suoi soldi. In ballo ci sono dei bambini maltrattati, ammalati, che muoiono di sete e di fame».

Non era lì per prendere l'elemosina, ma forse per dare a lei qualcosa di nuovo. Davanti alla spontaneità contagiosa del medico-missionario, la signora si trovò disarmata e affascinata allo stesso tempo. Tolse la catena e lo fece accomodare. All'inizio forse più per sfiancamento, per voglia di parlare con qualcuno che per reale curiosità.

Il missionario si sedette su un divano e cominciarono a discutere davvero di tutto. Lui riusciva a conquistare la fiducia della signora a poco a poco e a metterla a suo agio. Senza che se ne accorgessero passarono le ore, si fece sera, alla fine lei gli offrì di restare a cena. Parlarono per tutta la notte: del Madagascar, della solitudine della signora, di suo marito che era andato via, della felicità di chi non ha niente e della desolazione di chi avrebbe tutto ma non sa godere della vita per colpa di un consumismo cieco e sterile.

A lei si aprì come una finestra dalla quale intravedeva un domani, la speranza di una gioia alla quale non credeva più da tempo.

Quando lui a notte fonda se ne andò ringraziandola di cuore per la chiacchierata sincera, lei, chiusa la porta con la paura nel cuore, rimase come prima, svuotata ma anche interessata, con un punto interrogativo aperto e un'inquietudine che le formicolava sotto la pelle. Sperava solo che lui tornasse presto a trovarla.

In effetti quel giovane missionario tornò spesso da lei e tra loro due si instaurò un legame stranissimo: lui la aiutò a risalire la china, a ritrovare se stessa attraverso il donarsi agli altri, lei lo aiutava concretamente a realizzare dei progetti per delle persone bisognose.

Alla fine il loro sodalizio perfetto divenne anche una storia d'amore: nonostante la differenza di età e ceto, che per i tempi era qualcosa di scandaloso e invalicabile, il loro divenne un rapporto solidissimo. La signora partì con lui per l'Africa e, sfruttando le sue conoscenze altolocate, mise su un'associazione benefica eccezionale.

Il segreto di quella magia è presto spiegato: quando non pensi più a te ma pensi agli altri, i tuoi problemi ti appaiono improvvisamente piccoli, quasi svaniscono, rinasci e ti dimentichi di tutti i dolori inutili. Stringersi nelle spalle e credersi vittime delle circostanze non basta a giustificare una vita infelice: malattie, stress, divorzi, figli, paura della morte ci renderanno sempre schiavi.

Quando poi gli altri ai quali ti dedichi sono gli ultimi della Terra, che non hanno nulla ma sorridono comunque ogni giorno appena vedono il sole sorgere, capisci che la felicità è quando parli e qualcuno ti ascolta. È un piccolo legame umano. Meravigliose coincidenze!

Pazza idea

Avevo sì e no venticinque anni, ma avevo già avuto le prime copertine e fatto *Oh, Serafina!*, avevo firmato tre grossi contratti per altri bei film. Pensavo soprattutto a tracciare un mio percorso artistico: il lavoro mi dava molte soddisfazioni, l'indipendenza e la possibilità di avere una vita migliore per me e mio figlio, di avere delle certezze, i mezzi per non avere bisogno di nessuno, e quindi mi permetteva di non cedere a nessun legame. Ero pazzamente felice di questa mia totale indipendenza, ma non ero innamorata di nessuno, tanto ero concentrata sull'attività lavorativa.

Nonostante la giovinezza e la bellezza, il mio cuore era solitario. Certe notti appoggiavo la testa sul cuscino e piangevo. Mi mancava l'amore con la A maiuscola. Stavo in una grande città, con tante occasioni, amici, feste, stimoli, ammiratori, ma non cercavo il flirt, non mi interessava diventare la fidanzata da scoop di uno importante. Mi ero sposata a quindici anni, e poi, quando il mio matrimonio era saltato, non avevo più voluto l'impegno di una relazione.

Pensavo sempre di incontrare una persona che mi volesse veramente bene. Per essere davvero completa sentivo il bisogno di offrire a qualcuno il mio cuore che scoppiava di desiderio e di amore dopo tanti anni di vuoto: la felicità e il successo se non li condividi con qualcuno non hanno lo stesso sapore.

Non avrei mai immaginato che un ragazzo incontrato per caso in un bar, all'epoca in cui abitavo in piazza di Spagna, potesse diventare un grande amore, uno dei più intensi della mia vita.

Tancredi era un ragazzo intrigante anche se aveva la mia età, bello, brillante, curioso, fuori dagli schemi. Suonava al piano rock e blues e aveva la fantasia e l'erotismo di un adulto. Quella con lui fu una storia d'amore molto forte, appassionata, travolgente, che mi ha dato molto ma anche tolto la serenità. Ma quando si ama tanto è così: si gioisce tanto, ma si soffre altrettanto intensamente.

Era un inverno piuttosto freddo e in quel pomeriggio in cui avevo tutt'altro per la testa trovai la mia rovina e la mia gioia al bar dell'albergo dove alloggiava una mia amica.

Io ero seduta in attesa di Zoe. Me lo trovai all'improvviso, al tavolino accanto, aspettava anche lui un amico. Mi voltai perché anche l'occhio voleva la sua parte e lui attirava il mio sguardo.

Finalmente la mia amica arrivò, mi venne incontro sorridente e mi abbracciò perché erano mesi che non ci vedevamo. Anche lei notò quel ragazzo molto interessante e l'amico che nel frattempo l'aveva raggiunto.

Erano nostri coetanei, entrambi molto intriganti. Mentre li guardavamo, loro ammiccavano nella nostra direzione; in modo discreto, buttavano l'occhio, ma non avevano il coraggio di presentarsi. All'epoca ero già conosciuta e forse la loro paura dipendeva da quello.

La mia amica voleva fare un giro in centro, tra le vetrine, quindi chiedemmo il conto e uscimmo dal bar. Il mio cane, un dolce bassotto, mi trascinò quasi fuori in un attimo e lì ci sentimmo chiamare.

«Scusate!» Era l'amico, tutto impacciato. «Non so come dirvelo... Anche se non ci conosciamo, vi andrebbe di andare a mangiare una cosa insieme con me e Tancredi? Io sono Stefano, piacere di conoscervi.»

Rimanemmo piuttosto spiazzate, ma eravamo felici che finalmente si fossero decisi a rivolgerci la parola.

«Facci pensare» disse la mia amica, «sono le cinque... Tra due ore vi chiamiamo. Dammi il tuo numero.»

Poco dopo li richiamammo e ci mettemmo d'accordo per la serata. Alle 21 ci vennero a prendere sotto casa. C'era una strana tensione: uscire con due persone che non conoscevamo creava imbarazzo ma anche curiosità. Ancora prima di saperne di più, quel ragazzo mi piaceva già molto.

Trovammo Stefano e Tancredi in piedi, che fumavano. Il primo colpo d'occhio era stato giusto: erano proprio due bei ragazzi. Anche noi ci eravamo trasformate in due splendide fanciulle. Quell'appuntamento insolito e inatteso mi sembrò meraviglioso.

Ci portarono su un barcone, sul Tevere: era un locale così *charmant*, non c'ero mai stata e non pensavo che ci fosse un ristorantino così romantico a due passi da casa mia. Le luci della città e i lampioni si riflettevano nel fiume e le candele sui tavoli davano una luce calda all'interno; la musica lo rendeva davvero suggestivo: era la canzone dei Beatles *And I love her*. Avevano scelto un posto davvero particolare e sembrava che ogni dettaglio fosse stato studiato.

A fine cena avrei quasi voluto che diventasse il mio fidanzato: era divertente, spassoso, intelligente, bello, le aveva tutte, pure un intreccio di mistero e comicità. Ovviamente nascondevo tutto questo entusiasmo: temevo che le mie aspettative venissero tradite, non avrei voluto mai arrivare al punto di conoscerlo fino in fondo e trovare qualcosa di diverso.

Dopo la cena invitai tutti a bere una cosa da me. Tornavamo a piedi, ma all'improvviso ci colse per strada un violento temporale estivo, così ci dividemmo in due coppie.

Mi tolsi le scarpe e poiché indossavo un leggero abitino di chiffon, lui mi mise sulle spalle la sua giacca e mi prese per mano: un brivido nuovo che nessuno poteva scoprire, se non il mio cuore che batteva forte.

Correvamo sotto ogni portone aperto del centro, ci mettevamo un attimo al sicuro e poi via di seguito, verso casa mia. I lampi erano talmente forti che illuminavano la stradina bagnata in cui finimmo io e Tancredi. Tra noi era scoccata quell'alchimia che senti a pelle, quando la tua mano si intreccia alla sua. Trovammo riparo sotto un portone stretto, ma i fulmini erano così fitti che fummo costretti a restare un bel po' dentro questo rifugio improvvisato. Per la prima volta soli, io e lui. Sotto quella pioggia scrosciante. La tensione saliva perché lui non parlava ma mi guardava. Io continuavo a dire solo cose stupide tipo «guarda che fulmini, che temporale» per far svanire l'imbarazzo. Finché un lampo non arrivò a pochi metri da noi. Ruppe il ghiaccio in un colpo. Per lo spavento cominciammo a ridere, ridere, ridere. Lui si avvicinò, prese il mio viso bagnato tra le mani e tolse le gocce di pioggia, fissandomi sempre negli occhi.

"Adesso mi bacia" pensai io. Invece no. Toccò le mie labbra con le dita e quello che sentivo era così forte che avrei voluto che la terra si spalancasse sotto i nostri piedi e ci inghiottisse. Da una parte ero follemente attratta, dall'altra imbarazzata. Feci uno scatto e mi misi a correre scalza sotto la pioggia all'impazzata.

Arrivai sotto casa, aprii il portone, salii di sopra, mi asciugai alla meno peggio, aspettando che arrivassero i miei amici. Poco dopo giunsero Zoe e Stefano. Rimasero un po', poi Zoe prese un taxi e andò via perché si era fatto tardi.

Stefano, invece, restò ad aspettare Tancredi. Gli offrii una birra. Nell'attesa guardavamo la piazza dalle finestre del salone per vedere se Tancredi arrivava. Mentre ero girata verso la terrazza con le mani contro il vetro, Stefano si appoggiò a me, da dietro, e mi chiese a sorpresa: «Avrò modo di vederti ancora?».

Restai perplessa perché pensavo a Tancredi e tagliai corto: «Non c'è dubbio che ci rivedremo, ma domani devo lavorare e quindi vado a nanna». Lo accompagnai verso la porta e andò via.

Dopo un po' sentii suonare di nuovo il campanello. Ero già in vestaglia e in procinto di andare a letto.

«Sono Tancredi, mi fai salire?» con una voce che era tutta un programma. Arrivò bagnato fradicio, quindi gli diedi un asciugamano: si tolse la camicia zuppa e gli restituii la giacca che mi aveva prestato. Si sedette solo con quella addosso sul sofà. Era ancora più attraente.

«Cosa ti ha detto Stefano? Vorrei capire se sei interessata a lui. Scendendo dalle scale di piazza Mignanelli ho visto che lui si avvicinava a te.»

«No, hai frainteso. Guardavamo fuori per vedere se arrivavi.»

«Si è fatto tardi, allora ti lascio andare a letto» replicò asciutto.

Mentre si alzava e stava per uscire mi mise qualcosa nella tasca della vestaglia. Un bigliettino con il suo numero di telefono. Ma io aspettai che mi cercasse lui.

Qualche giorno dopo citofonò: mi invitava a vedere una bellissima mostra, in un museo, e a fare colazione con lui. Trovai molto interessante che un ragazzo così giovane avesse interessi artistici e che mi proponesse un appuntamento così alternativo. Mi presentai al museo e lo trovai che teneva una rosa in mano. Adorabile! Mentre percorrevamo i corridoi, in mezzo ai quadri, mi fermò e mi confessò: «Dopo la cena dell'altra sera, continuo a pensare a te: ti vedo dovunque, in ogni cosa, volto, colore, spazio. Anche davanti a tutti questi quadri, immagino te».

Non me lo aspettavo, ero senza parole. Sentivo le stesse emozioni per lui.

Pranzammo poi in un ristorantino. Forse io parlavo come una macchinetta, per mascherare l'imbarazzo, e lui mi fissava con uno sguardo magnetico e potente. Un sentimento giovane stava sconfinando nel mio cuore e mi turbava. Che cos'erano questa gioia di vita e questa passione improvvisa? Per l'emozione dissi che dovevo fare una commissione improvvisa e mi riaccompagnò a casa. Non lo sentii più per quindici giorni. Rincasando, chiedevo sempre alla donna di servizio se aveva chiamato. Niente, sparito nel nulla. Un comportamento molto strano dopo quello che mi aveva detto alla mostra.

Poi riapparve all'improvviso. Mi stavo preparando per andare a trovare un mio amico fotografo per rivedere degli scatti appena fatti, ed ecco che rispuntò lui. Me lo trovai davanti al portone.

«Che ci fai qua?»

«Stavo per citofonare. Ero venuto a prenderti per portarti al mare, a fare colazione con me. Ti va?»

Presa alla sprovvista, ma anche molto entusiasta, saltai in macchina e mi dimenticai persino di avvisare l'amico che mi stava aspettando.

Purtroppo i paparazzi ci beccarono al ristorante, mentre mangiavamo in riva al mare e ci fecero delle foto che mi sono ancora molto care. Eravamo proprio giovani e belli. Parlammo del più e del meno per ore, poi ci sdraiammo sulla spiaggia anche se non era la stagione.

Fu un pomeriggio indimenticabile: è proprio vero che il mare in autunno ha dei colori ancora più belli. Cominciava a fare freddo e, uno vicino all'altra, ci raccontammo la nostra vita. Per la prima volta. Adesso sapevo che veniva da una famiglia numerosa, benestante, con un padre siciliano a cui lui era molto legato e una madre veneziana.

Sapevo qualcosa in più di lui che era pur sempre sfuggente. Da questi piccoli indizi che lui disseminava, cercavo di decifrarlo, di entrare un po' nella sua intimità, nella sua vita. E questo suo aprirsi mi dava il senso di qualcosa che stava sbocciando. Le parole però non avevano più la forza delle cose vissute ma c'era solo il presente.

Era scoccata un'intesa, precisa, quel momento magico che ha la durata di un niente ma è gigantesco: ogni volta che mi guardava era un lampo di luce con quei suoi occhi eloquenti e quel volto sicuro.

Appena scorgevo la sua anima inquieta e mi sembrava di capirlo, subito però si nascondeva in un gioco sottile, consapevole del segno lasciato.

Una volta tornati a Roma, mi lasciò a casa e, dopo aver passato quell'intensa giornata, sparì ancora nel nulla... Perché non si faceva vivo? Aveva perso il mio numero? Mi sentivo come una sardina in salamoia e vivevo nell'inquietudine e nei dubbi. Finché la mia agenzia non mi procurò un contratto per una pubblicità da girare in Kenya. Neanche a farlo apposta, di nuovo Tancredi mi chiamò il giorno prima della partenza: «Ciao».

«Ciao, chi non muore si risente!» risposi io un po' secca.

«Che stai facendo?»

«La valigia. Vado in Kenya per uno spot.»

«Ah! Parti. Ma quando?»

«Domani, a mezzogiorno. Magari ci vediamo quando torno» e quasi con distacco lo salutai.

L'indomani all'aeroporto ero con la mia *english teacher* e la troupe. Stavo mostrando i documenti e mi stavo per imbarcare quando mi sentii toccare la spalla. Mi girai ed era lui.

«E tu che ci fai qui?» dissi davvero sorpresa.

«Vengo anch'io.»

«Come vieni anche tu?»

«Mi sono portato i libri dell'università e mentre tu farai le foto io studierò.»

Ero sbalordita, non potevo crederci, ma ero felice.

«Che sorpresa! Prima sparisci e poi compari all'improvviso!»

«Non ti va che venga con te?»

«No, non ho detto questo, anzi!»

Ci imbarcammo e ci aspettavano otto ore di volo. Averlo con me era davvero un'emozione: finalmente avremmo passato insieme due settimane, in un posto suggestivo e selvaggio come l'Africa. Mi sentivo davvero felice tra le nuvole.

Mi addormentai sulla sua spalla, sui sedili in fondo all'aereo. A un certo punto lui si girò e mi baciò. Non screditò le mie aspettative con quel suo primo bacio: da impazzire! Abbracciarlo e saperlo mio, finalmente...

Arrivai in Kenya come ubriaca, per la forte calura

che mi avvolse appena scesi dall'aereo. Feci le foto e la troupe rientrò in Italia, mentre io decisi di restare lì con Tancredi per altri quindici giorni: due settimane indimenticabili.

L'atmosfera primitiva, vibrante, niente di turistico, e il feeling che ci univa incredibilmente. Facemmo la prima volta l'amore in spiaggia sotto quel caldo cielo d'Africa. Le costellazioni erano talmente limpide e vicine che quasi ci toccavano il naso. Era naturale essere nudi: solo le stelle videro quella notte i nostri corpi vibranti, in sintonia con l'universo, i nostri respiri corti, il nostro abbandono totale, i nostri occhi fieri di quella scelta, dell'inno d'amore che scrivevamo insieme.

Si era portato le sue macchine fotografiche: quello era il suo hobby, la sua passione. Mi fece delle foto strepitose sulla spiaggia, con un costume di daino, piume e perle, e i capelli selvaggi. Il mio agente le vendette a un giornale perché erano troppo belle per tenerle in un cassetto.

Passammo dei giorni memorabili, e per la prima volta scoprii come si fa davvero l'amore: prima di conoscere Tancredi non sapevo cosa fossero il trasporto, l'abbandono puro a un uomo, la passione che acceca la ragione.

La gran voglia di cantare, di far sapere al mondo la mia felicità appartenevano a lui. Lui era tutto quello che avevo sempre aspettato, con lui sentii mille nuove sensazioni nascere nella mia anima: l'allegria, il profumo di quella terra, la musica dei tamburi in sottofondo, l'infinito che lasciava libera la fantasia.

Lui era nella saliva, in tutti i colori e i sapori, dentro il mio petto e fuori. Nella mia bocca e nel mio cuore; nella mia follia, nel mio sogno. In tutto. Il mio amore per Tancredi non conosceva misura e anche per lui era lo stesso.

5
CITTADINA DEL MONDO (Londra, Mosca, Parigi, Brasile, New York, Giamaica)

Lanciatevi verso la luna,
e il peggio che vi potrà capitare
sarà di atterrare tra le stelle.

TONY ORLANDO

Roma non è stata l'unica città in cui mi sentivo accolta. Quando ho cominciato a fare l'attrice internazionale viaggiavo moltissimo. In ogni paese che ho visitato anche per lunghi periodi non ho mai dimenticato il legame con l'Italia e la mia famiglia. Quella telefonata che agganciava a Udine New York, Las Vegas, Los Angeles, San Francisco, Miami, Sydney, ma anche la Spagna, il Messico o il Brasile era un cordone ombelicale che mi riportava sempre a qualcosa di vero, al rapporto naturale con la mia terra e mio figlio, al desiderio di dare gioia ai miei genitori per le cose che facevo in giro per il mondo.

Chiamavo casa mia anche dai posti più sperduti. Mi chiedevano dove mi trovavo, spiegavo dov'ero facendo delle specie di cartoline vocali. Loro da una parte godevano di questo mio successo, dall'altra non mi davano la soddisfazione che mi aspettavo. Ma ormai li conoscevo.

Col tempo, con Tancredi avrei voluto avere una famiglia mia, un focolare sicuro. Ma lui era incostante come il vento e imprevedibile come un temporale ad agosto. Mi sentivo in paradiso e subito dopo all'inferno.

L'amore e la ragione, del resto, non abitano mai nello stesso albergo. Quando uno arriva se ne va l'altro. L'amore accarezza i rami che stanno più in alto, ma scuote anche le tue radici. Ti accoglie e ti batte: tutto ciò compie in noi l'amore, affinché possiamo conoscere il segreto del nostro cuore. Lo imparai, però, con il tempo.

Quei sette anni trascorsi insieme furono infatti pieni di cime tempestose: lui sapeva accendere il mio cuore con guizzi improvvisi, sorprese, gesti tanto imprevedibili quanto amabili.

Quante volte me lo sono ritrovata sul set o in albergo quando ero in giro per il mondo per lavoro! Sapeva farmi le improvvisate più inaspettate e divertenti che abbia mai ricevuto.

E scatenava in me lo stesso entusiasmo: ho fatto per lui pazzie! Una volta, per esempio, quando giravo *La ragazza dal pigiama giallo*, in Australia, feci trenta ore di volo all'andata e trenta al ritorno solo per abbracciarlo e tenerlo stretto per una notte. Eravamo tutt'uno.

Lui poi, sapeva anche sparire per giorni e giorni, privandomi persino di una telefonata o di un biglietto. E allora giù scenate, malumori, rotture e ripartenze entusiastiche.

Non c'erano di mezzo altre donne, ma aveva un modo di fare assolutamente incostante e misterioso che mi faceva impazzire, soprattutto quando avevamo banali discussioni: partiva all'improvviso, andava a suonare con gli amici o in giro per i locali, si chiudeva in casa a studiare, tutto senza coinvolgermi e senza chiarire né risolvere il malinteso. Questo mi offendeva nel profondo: io non lo avrei mai tenuto fuori dalla mia vita e non avrei mai lasciato le cose in sospeso. Ma sapeva che il mio amore era totale e lui ne approfittava.

A volte sono finita sotto casa sua, magari rimanendo in macchina tutta la notte, ad aspettare che tornasse per chiarire: non riuscivo a dormire se avevo una discussione in sospeso con lui.

Salvo poi ricomparire e farmi sentire i fuochi d'artificio nel petto: per avermi tutta per sé, mi trascinava in albergucci romantici, dove ci chiudevamo per giorni in camera, quasi senza mangiare e bere, solo per fare l'amore. Nel bene e nel male era davvero originale e unico. Un film nel film dell'amore. Quelle sorprese che poche persone hanno la fantasia e la forza di fare, spiazzandomi. L'emozione di incontrarlo e stringerlo al petto era sempre alta, un soffio al cuore, un patema d'animo.

«Per forza ti tiene in mano!» mi diceva una cara amica che aveva capito in quale vortice mi ero infilata e cercava di mettermi al riparo dalla delusione. «Dovevi lavorare e invece stai qui ad affliggerti... Tu hai perso la testa per questo ragazzo, Dalila, ma sappi che un ragazzo così giovane può solo prendere, non darti. Rifletti, perché con questa storia stai perdendo tutto quello che hai conquistato.»

«Ecco, guarda questo zerbino» mi disse un giorno. «Ti innamoreresti di lui? Sei troppo esposta, troppo sincera. In amore serve un po' di astuzia, non si può essere annullati. Il partner deve restare sul filo del rasoio: è l'incertezza del risultato che rende bella la partita. Non dare a lui il controllo della tua vita. Ti lascerebbe cicatrici forti e indelebili.

Cerca di non farti schiacciare dal dolore: anche se è ovvio che prima o poi lo incontrerai, se no avresti l'anima liscia degli imbecilli, gli occhi cretini di chi ha sempre riso. Invece tu hai gli occhi più belli che abbia mai visto per le iridescenze stupende, e perché hanno pianto e sanno piangere.»

Lì cominciai a intuire che il mio espormi totale non era possibile: era diventato causa di sofferenza. Ma all'epoca concepivo l'amore senza strategie, con purezza e forse in maniera idealizzata. Mai avevo vissuto emozioni così meravigliose. Mi rimproveravo di averlo viziato, di averlo creduto perfetto con quei suoi atteggiamenti a volte imprevedibili. Ma non era perfetto, come non lo ero io.

Purtroppo non ascoltai subito la mia amica e molte cose le capii solo dopo aver condiviso con Tancredi esperienze, viaggi, e momenti felici.

Lungo le rive del Tamigi

Con lui feci dei viaggi meravigliosi: oltre che in Kenya, venne con me a Parigi, a San Francisco, in Brasile e in Inghilterra, dove ero andata a fare un corso superintensivo e costosissimo alla Berlitz School, una vera *full immersion*: ogni ora cambiava il maestro così ti abituavi a capire accenti diversi e in un solo mese imparavi l'inglese. Ci iscrivemmo insieme al corso anche se eravamo in classi diverse.

Alla sera uscivamo distrutti dalle lezioni e nei weekend noleggiavamo una macchina oppure una moto per fare delle scorribande fuori Londra e visitare posticini meravigliosi: Greenwich, Burford, Wynchcombe, Stanton, Liverpool.

Ci nascondevamo nel nostro amore dalla vista del mondo, senza farci trovare. Mi sentivo fuori dagli schemi, dalle situazioni, dall'inedia del quotidiano. Assieme a lui era come fermarsi per un istante eterno.

Amorevolmente ci consumavano in questi attimi unici, ci annullavamo l'uno nell'altro. Eravamo in una bolla d'aria talmente alta e rarefatta che sarebbe servito un paracadute per non schiantarci al suolo, per non farci del male. Eppure, paradossalmente, quell'altalena ci teneva legati.

Durante il soggiorno a Londra vissi due episodi, se vogliamo opposti, che mi fecero vedere concretamente cosa fossero la povertà più nera e la ricchezza più esagerata.

Un giorno mi trovavo davanti a una lussuosa gioielleria di Oxford Street con la mia amica Nadia, mentre Tancredi era in palestra. Guardavamo le vetrine e ci divertivamo come pazze a commentare i diversi pezzi esposti. C'erano diamanti e smeraldi, dei collier imponenti, degli anelli non certo alla portata di tutti.

«Chissà quanto costeranno» dicevamo. Sparavamo cifre esagerate cercando di indovinare. Alla fine decidemmo di entrare, giusto per continuare il nostro gioco e provare qualcuna di quelle meraviglie visto che non potevamo comunque permettercele.

Mentre eravamo dentro la gioielleria e la mia amica aveva al polso un orologio con diamanti, entrò un emiro arabo. Di certo lui non era lì per guardare! In effetti comprò il collier in vetrina, dal valore inestimabile, spendendo migliaia di sterline. Noi eravamo esterrefatte.

Dopo aver fatto i suoi acquisti, notò me e la mia amica e ci rivolse la parola. Era una persona amabile e cordiale, e in poche battute si presentò. Aveva un nome impronunciabile, ma capimmo che doveva essere un principe arabo.

Con il pretesto di avere un consiglio per un altro

cadeau, ci fece indicare le cose che ci piacevano. C'erano un sacco di gioielli stupendi: i due commessi con il fiato sospeso erano gentilissimi sperando che l'emiro comprasse ancora. Nadia indicò l'orologio che aveva al polso; io invece, avevo adocchiato degli splendidi orecchini con diamanti. Gli spiegammo che sia l'uno che l'altro oggetto sarebbero sicuramente stati graditi.

Nadia, che era inglese, era più spigliata. Era una bella ragazza bionda che sapeva fare colpo con il suo fascino.

«Mettetemi sul conto anche questi due oggetti. Vorrei fare un presente a queste ragazze.» Rimanemmo di stucco, impietrite e lusingate allo stesso tempo. "Ma chissà cosa vuole in cambio da noi?" pensavamo attonite.

Il commesso un po' effeminato, raffinato, voleva quasi convincerci: «Guardi, signorina, anche se ha i brillanti può portare questo orologio quando vuole, anche vestendo casual, con un paio di jeans e una camicetta...».

Non esitammo a dire di no perché per noi era scontato che dopo un oggetto del genere scattasse una avance, una richiesta esplicita. Un rifiuto secco venne fuori all'unisono dalle nostre bocche.

Non potevamo accettare un regalo così impegnativo da uno sconosciuto. Era contrario alla nostra educazione e alla nostra morale. Ringraziammo e uscimmo dalla gioielleria ridendo come pazze.

Nadia mi diceva metà in inglese e metà in italiano: «Ma perché non hai accettato gli orecchini? *Are you crazy?*».

«Perché non hai accettato tu?» risposi io ridendo. «Se tu avessi preso l'orologio, li avrei accettati anch'io.»

«E poi chi ci andava a letto con lui?»

«Tu mia cara!»

«No, bella mia, c'andavi tu! Anche se non era certo Sean Connery!»

Le dissi: «Sai che una mia amica quando vediamo i film con un bellissimo attore commenta sempre in romanesco: "*Ahó! Ma te rendi conto? A questa l'hanno pure pagata per baciarlo!*"».

Morale della favola. Finimmo con il prenderci a borsettate in testa, scherzando e ridendoci sopra fino a casa.

Com'è strano il destino: due giorni dopo mi capitò un episodio dal sapore totalmente diverso.

Ero in Piccadilly Circus, in un cinema aperto ventiquattro ore su ventiquattro. Quella sera andai lì con Tancredi: volevamo vedere una commedia inglese, abbastanza facile da capire visto che non eravamo del tutto padroni della lingua ma desideravamo migliorare la nostra capacità di ascolto e comprensione.

Erano le undici di sera, ma quella sala restava aperta tutta la notte e proiettava film no-stop. La ragazza del botteghino fu stupita comunque quando le chiedemmo due biglietti: «*Are you sure that you want to see this movie*? – Siete sicuri di voler vedere il film?».

«*Of course* – Certo!» rispondemmo noi.

Solo dopo capimmo il motivo della sua perplessità.

Entrando nella sala avvertimmo subito una puzza di piedi, tabacco, alcool! Un odore che non c'entrava niente con il cinema.

Prendemmo posto comunque perché con il buio non vedevamo molto bene: stavamo per sederci quando sentimmo uno che borbottava. Stava sdraiato vicino ai nostri posti e dormiva: si lamentava perché l'avevamo disturbato. Scegliemmo allora di sederci dietro.

Poi quando il film cominciò, con i primi bagliori, ci si presentò una scena allucinante: le poltrone erano diventate i letti di barboni, senza tetto e disperati che, non sapendo dove passare la notte, pagavano il prezzo del biglietto per avere un tetto sopra la testa.

Ronfavano, ruttavano, si scambiavano insulti. Frustrati, delusi, rifiutati da ogni categoria, vivi solo per l'anagrafe. L'umanità più provata e degradata alloggiava lì quella notte.

La povertà ha un aspetto preciso, non lascia dubbi: la testa incolta e barbuta, stinchi secchi come lame, le mani avide, sporche, tese all'elemosina dolorosa, pance gonfie, età indefinite. I loro occhi raccontano di vite mai vissute, sempre in attesa di uno sguardo compassionevole, di un sorriso, una bottiglietta d'acqua, un panino. Un'attesa riempita da orrori, da strappi laceranti.

La miseria non è una bella donna, ha seni lunghi e svuotati. Prostrata, ubriaca e ammalata è spesso sotto i nostri occhi che fanno finta di non vederla.

La cosa che più mi sorprese fu che tutto questo succedeva nel pieno centro di Londra, accanto ai negozi più eleganti e le boutique più esclusive. È questa la nostra civiltà, incapace di far vivere gli esseri umani con la stessa dignità per tutti.

Come potevo rimanere inerme davanti a tutto questo? Uscimmo amareggiati e impotenti da lì.

La cosa più forte fu pensare che è tutta colpa del destino: per un niente puoi nascere emiro oppure barbone, la linea che separa questi due mondi così diversi è davvero sottile.

Il destino, questo sconosciuto. In un attimo ci mette lo zampino e sembra decretare la tua rovina o la tua salvezza, ma le tue scelte sono sempre un baluardo invincibile per tutelare la tua libertà.

Un giorno avevo terminato le lezioni della mattina alla Berlitz School e stavo per andare a pranzo con alcuni compagni di classe, quando un insegnante mi fermò in corridoio.

Mi fece una ramanzina lunga e noiosa sul fatto che continuavo a stare con gli studenti italiani: non potevo imparare bene l'inglese se non facevo davvero una *full immersion* nella lingua anche a casa. Mi trattenne per un quarto d'ora abbondante e a nulla servirono i miei tentativi di farlo smettere visto che Tancredi e i miei amici mi aspettavano al pub.

A un certo punto sentimmo un boato e delle urla disperate; ci affacciammo dalla finestra. Un cornicione della facciata principale dello stabile aveva ceduto, proprio sul portone dal quale io dovevo uscire. Tre persone erano state colpite e una era grave.

Le coincidenze sono spesso fenomeni comuni di cui non ci accorgiamo neanche, le lasciamo passare così. Fanno un po' di rumore come dei tuoni, ma nel cielo non vediamo il messaggio che portano; la nostra vita quotidiana è bombardata da coincidenze che sono le cicatrici del destino: ci ricordano che siamo molto di più di ciò che vediamo.

Che eviti un incidente o che lo subisci, ti ricordi che sei qualcosa di più di ciò che vedi. In un secondo ci siamo, in un altro non ci siamo più...

Come diceva una poetessa, nulla due volte accade né accadrà. Per tal ragione nasciamo senza esperienza, moriamo senza assuefazione. Non c'è giorno che ritorni, non due notti uguali uguali. Ma quel giorno che arriva, quella notte che ti abbraccia possono dettare tutto il seguito di quello che farai o non farai.

Del soggiorno londinese ricordo ancora che, la sera, io

e Tancredi ci viziavamo provando dei ristorantini etnici che a Roma ancora non c'erano: quando un giorno gli feci uno scherzo che non gradì affatto. Non stette al gioco anche quando gli spiegai che non stavo facendo sul serio, lo supplicai di non prendersela, ma mi piantò in asso nel ristorante indiano e se ne andò: era molto permaloso.

Il giorno dopo saremmo dovuti andare a un importante concerto dei Rolling Stones. Ma lui come al suo solito fu vendicativo, e non lo vidi per tre giorni.

Quel concerto mi portò a conoscere personaggi incredibili del cinema e della musica a livello mondiale che avevo sempre sognato di incontrare e che a me sembravano irraggiungibili; ma la gioia di essere lì circondata da divi internazionali fu offuscata dal dispiacere di non avere a fianco a me Tancredi.

«Ma che cavolo hai fatto? Dove sei sparito?» gli urlai quando si ripresentò, tre giorni dopo.

«Sono stato al concerto dei Rolling Stones.»

«Come al concerto? Anch'io ero lì!»

«Sì, ho conosciuto quella sera la figlia di un diplomatico olandese e abbiamo passato insieme gli ultimi due giorni.» Insomma: mi aveva punito servendomi una partaccia molto più pesante dello scherzo che gli avevo fatto io. La presi talmente male che litigammo furiosamente e lui come al solito tornò a Roma.

Mosca, aeroporti e gatti sensitivi

Mi chiesero di andare in Russia per fare un importante spot per uno stilista di pellicce. Era una grande opportunità di lavoro, ma anche un'esperienza interessante: all'epoca, era molto difficile entrare in Unione Sovietica, ottenere i visti e i permessi di viaggio.

Nonostante questo, io non avevo per niente voglia di accettare questo contratto, zero entusiasmo.

Fu Tancredi a insistere perché partissi: «È una grossa opportunità, devi accettarla! Potrai vedere com'è il comunismo, come vivono male lì, visitare un altro mondo...».

Ma io non ero per niente attratta, anche se il mio viaggio in Urss aveva ottenuto il benestare di Brežnev in persona. Lui era onorato di avermi in Russia e mi aveva fatto mandare un messaggio di benvenuto, in cui mi assicurava addirittura un'accoglienza solenne: sarebbe venuto a prendermi in aeroporto un delegato del governo, in pompa magna, con un pullman pieno di fiori!

Ero ancora scettica. Tancredi insistette di più: «Non ti rendi conto, è un'esperienza importante, devi andare!».

Io provavo allora a intenerirlo e a convincerlo ad accompagnarmi: «Vado, ma solo se vieni tu! Ti prego, accompagnami almeno!».

Lui non poteva allontanarsi da Roma: «No, non ce la faccio, lo sai che ho gli esami da preparare».

A forza mi convinse a mandare giù questa storia di Mosca. Arrivò il giorno della partenza e mi portò all'aeroporto di Fiumicino. Rimase a farmi compagnia fino al momento dell'imbarco.

Mentre aspettavamo che quelli della troupe sistemassero tutti i documenti, rimasi con lui in una saletta d'attesa. Mi prese la mano come spesso faceva: anch'io amavo farlo, gliela prendevo sempre. Quando tenevo quella mano nella mia, sentivo il suo corpo. Ci cercavamo sempre con gli occhi, dovunque fossimo. I suoi sguardi erano eloquenti di desiderio.

«Ti hanno mai letto la mano?» gli chiesi.

«No.»

«Guarda allora la mia» risposi, aprendogli il palmo e sussurrandogli nell'orecchio: «È tua. Parla solo di te».

Me la strinse forte: «C'è da morire, saperti mia e non poterti avere in questo momento».

A interrompere l'incanto di quell'attimo fu un gatto. Contro ogni logica, entrò in quella sala d'aspetto. Dentro un aeroporto enorme come quello di Roma! Cosa mai vista. Cominciò a girarmi intorno, a fissarmi, ad annusarmi i piedi e le gambe. Poi mi saltò sulle ginocchia e cominciò a farmi le fusa.

«Che strano» commentava Tancredi «proprio da te doveva venire?»

Io lo allontanavo con la mano, ma quel micio risaliva sulle mie ginocchia e ricominciava a fare le fusa. A quel punto, visto che insisteva così tanto, cominciai ad accarezzarlo. Rimase con noi ancora per una ventina di minuti, finché non mi chiamarono al *gate*. Mi seguì fino all'imbarco. Io ero sempre più stupita: non mi lasciava più andare!

«Chissà chi ha fatto entrare o ha perso questo gatto? Che buffo!» commentava Tancredi.

Arrivò il momento dei saluti: abbracciai il mio compagno e salutai quel gatto così insistente e affettuoso. Mi rimaneva sempre addosso quel presentimento, quella contrarietà a partire. Come se una forza mi trattenesse a terra, lontana dall'aereo che mi avrebbe portato sulla Piazza Rossa.

A bordo mi accolse una tremenda puzza di disinfettante; tutto era grigio-verde, i sedili scomodissimi! Mi sedetti sulla mia poltroncina ma continuavo a sentirmi a disagio mentre tutto il resto della troupe si accomodava. La fotografa del servizio era la mia vicina di posto. Erano le quattro del pomeriggio.

I motori erano accesi e a breve saremmo decollati. Invece no. Dopo mezz'ora eravamo ancora sulla pista, con i motori a tutta birra ma immobili. Cominciai a scalpitare, l'ansia mi rodeva. Nessuno ci dava spiegazioni del ritardo. Chiamai l'hostess dicendole: «Ma che sta succedendo?».

«Un piccolo problema.»

Mentre aspettavamo il decollo, la fotografa mi spiegava il servizio e come intendeva realizzarlo. Io continuavo a essere nervosa, e quasi non la ascoltavo.

Passò un'ora e noi ancora lì fermi. Chiamai di nuovo l'assistente.

«Se c'è un problema dovreste dirlo e dovreste farci scendere.»

«Ma stanno provvedendo.»

«Ma se ancora non si risolve è meglio che ci facciate scendere!»

«Non può tornare a terra adesso! L'aereo è russo ed è come se fosse territorio russo e ormai può solo aspettare che decolli» mi ripeteva l'hostess, frettolosa e gelida.

«Ma io non voglio più stare qui dentro» cominciai a urlare. Non ci fu verso di calmarmi.

Mi era venuta una sorta di attacco di panico. Non riuscivo più a controllare l'ansia.

La troupe provò a farmi ragionare: «Dalila, ma stai scherzando? Non puoi andare via adesso. Ci sta aspettando pure Brežnev, sei matta? È tutto pronto, non puoi fare saltare il servizio fotografico».

E intanto l'aereo faceva un rumore molto sinistro e sordo.

Si erano fatte le cinque e mezza ed era già buio ed eravamo ancora lì, sulla pista. Un'ora e mezza di ritardo.

Passavano con un cestino di caramelle, tristissimo, e io chiedevo sempre di poter scendere.

Quando le ore di ritardo divennero due, ero ormai fuori di me. Mi sembrava di impazzire, bloccata in quell'aereo che non riusciva a spiccare il volo.

Poi l'annuncio del comandante, finalmente: «Abbiamo un problema al motore. I passeggeri che lo desiderano, potranno partire per Mosca domani mattina alle otto, trascorrendo la notte nell'hotel di fronte l'aeroporto».

Saltai di gioia e mi precipitai a terra. In quattro e quattr'otto, recuperai le mie valigie, presi un taxi e tornai a casa. Mia madre si stupì moltissimo pensandomi in viaggio verso la Russia.

«No, mamma, non parto più» dissi. «Non mi sento di andare.»

In serata mi cercarono quelli della troupe restati in hotel. Li liquidai sbrigativamente: «Domani non parto».

«Come non parti?! Sei una pazza? Noi dobbiamo lavorare, non stiamo al servizio di una capricciosa! Torna immediatamente in aeroporto!» Il regista dello spot era su tutte le furie, mi urlò un sacco di insulti!

«Io non parto, mi dispiace se vi metto in difficoltà. Faremo le foto da un'altra parte, ma io non vengo in Russia.» E siccome quello continuava a insistere, gli buttai giù il telefono. Mi richiamarono più tardi per dirmi che il servizio era saltato.

L'aereo partì la mattina successiva intorno alle otto. Verso le tredici pranzavo a casa e sentivo come d'abitudine il telegiornale. «Un aereo russo decollato da Roma e diretto a Mosca è precipitato...» Rimasi sconvolta: mi venne la pelle d'oca.

Chiamai il regista: «Hai visto cos'è successo? Hai

ancora voglia di insultarmi dopo che ti ho salvato la vita?».

«Siamo qui sbalorditi. Se non c'eri tu! Se non c'eri tu!» continuava a ripetere.

Invece io continuavo a pensare: "Se non fosse stato per quel gatto...". Forse era stato un silenzioso messaggero del destino.

Una buffa storia a Parigi

Alla fine del 1977 il film *Oh, Serafina!* fu venduto anche in Francia e andai a promuoverlo a Parigi. Ai tempi avevo una personal manager che si occupava di me e del mio ufficio stampa: si chiamava Cécile.

Era una donna sui trentacinque anni molto attiva e in gamba, per metà inglese e per metà francese; molto competente e professionale, aveva lavorato a New York e Parigi in una delle più grosse agenzie al mondo di cinema e moda. Era molto stimata anche nell'ambiente giornalistico.

Fu lei a portarmi negli Stati Uniti a fare le copertine dei più grandi giornali e a lavorare con i migliori fotografi. Con lei ebbi sempre un ottimo rapporto di lavoro e amicizia.

Arrivammo a Parigi insieme per fare la conferenza stampa del film e due servizi fotografici: uno per «Elle» e uno per «Vogue America». Alloggiavamo all'hotel George V.

La presentazione del film con Alberto Lattuada e i giornalisti francesi era fissata per la mattina dopo il nostro arrivo. Cécile doveva esserci per farmi anche da traduttrice simultanea.

La sera fui invitata a cena da un produttore francese: inaspettatamente ci trovammo al tavolo anche una grossissima rockstar inglese e un'importante attrice francese. Era un tavolo ovale molto grande: Cécile si sedette accanto al musicista e io rimasi dall'altro lato con il produttore, i suoi amici e tre modelle.

Dopo aver cenato, ci alzammo tutti per andare in hotel. Mentre stavamo per salutare, si avvicinò a noi la segretaria della rockstar chiedendo a Cécile se voleva andare a bere una coppa di champagne insieme a lui, in qualche locale.

Rimasi sorpresa di quell'invito rivolto alla mia agente, anche perché nella tavolata c'erano tre top model bellissime e lei era sicuramente interessante ma meno appariscente: diciamo che era un tipo *open-minded* e molto disinvolta, con un corpo bellissimo, ma un viso purtroppo rovinato dall'acne.

Cécile non sapeva se accettare l'invito. Si avvicinò a me: «Cosa dici? Vado?».

«Amore, vai! Non ti far problemi, anzi... Così almeno me lo racconterai! Ti sembra che ci devi pure pensare?»

Ci mettemmo a ridere! E lei: «Ma scherzi, e tu che fai?».

«Be', io torno in hotel, ché devo alzarmi prestissimo domattina. E pure tu. Non ti dimenticare che abbiamo la conferenza stampa alle nove. Ti raccomando di non far troppo tardi.»

Mi diede un bacio e mi rassicurò per l'indomani. Arrivai in albergo e chiesi la sveglia per le otto meno un quarto e, andando a dormire ero molto felice per lei.

Il mattino dopo suonò la sveglia, aprii gli occhi e vidi che lei non era venuta a dormire. Il suo letto era ancora intatto. Con stupore mi chiesi che fine avesse fatto, cominciai a preoccuparmi anche perché non sapevo come rintracciarla; chiamai il *concierge* per sapere se c'erano dei messaggi per me, ma niente. Sparita.

Intanto io mi preparavo, tenendo d'occhio l'orologio. Lei continuava a non farsi viva. Ricevetti una telefonata alle otto e mezza e pensavo fosse lei, invece era il regista che mi confermava la macchina alle nove.

Ero arrabbiatissima, agitata e fuori di me, perché non sapevo proprio come cavarmela senza di lei. Alle nove scesi, cercando di ritardare la partenza e, mentre entravo in macchina, vidi Cécile uscire da un taxi.

Mi disse solo: «Perdonami, perdonami poi ti spiegherò tutto».

Io, infuriata, risposi solo: «Non è questo il modo di lavorare!».

Lei voleva salire in camera a cambiarsi ma la afferrai per un braccio e la feci salire in macchina: «Tu vieni con me adesso». Senza dire una parola si sbottonò il cappotto: sotto era nuda. E per di più le aleggiava attorno un cattivo odore.

Non ci potevo credere: «Non ho idea di cosa ti sia successo, ma ora resti così! Andiamo, tanto non devi mica aprirti il cappotto».

Strada facendo le chiesi delucidazioni e inveii per qualche secondo; lei tentò di darmi una spiegazione ma in pochi minuti arrivammo alla conferenza. Solo durante il viaggio di ritorno verso il George V mi raccontò cos'era successo: «Dopo la cena ieri sera la rockstar mi ha portata nella sua meravigliosa suite. Ero tutta agitata. Sarà stata l'emozione di stare da sola con lui in una camera d'albergo o le ostriche che avevo mangiato al ristorante, fatto sta che già in ascensore avevo dei dolorini alla pancia.

Quando siamo entrati nella suite abbiamo scambiato due parole e lui mi ha offerto dello champagne ghiacciato. Altri crampi allo stomaco, molto più forti, che andavano e venivano. Pensavo che fosse un dolore passeggero, un po' d'aria. Era chiaro che lui era attratto da me. Continuavamo a bere e a baciarci.

Poi si è avvinghiato a me ancora interdetta dall'emozione, quasi lasciandomi senza respiro. Baciandomi, e in quel mentre siamo scivolati sul sofà meraviglioso, damascato, come le pareti. E nel fervore della passione, mi ha presa e ha cominciato a spogliarmi, baciandomi sul collo, sui seni.

Per non interrompere questo approccio selvaggio, mi ha strappato persino le calze e gli slip. Nella mia pancia aumentava però il dolore...

A quel punto, seminudi, prendendomi tra le sue braccia, mi ha trascinata sul letto. Con una mano ha preso la bottiglia di champagne gelida: un po' me lo ha versato addosso, leccandomi la pancia, un po' me lo ha fatto bere e il resto lo ha bevuto a canna lui.

Tramortita dal suo impeto, lo lasciavo fare, ma a un certo punto mi è arrivata una fitta così forte che veramente ho fatto fatica a non trattenere il bisogno di andare in bagno. Lui pensava che quelli fossero gemiti di piacere.

Era così coinvolto nel baciarmi e nel bere lo champagne che non potevo certo dire in quell'appassionato momento che mi sentivo male. Poi il dolore si è attenuato e ha prevalso l'eccitazione.

A un certo punto si è alzato e mi ha girato, di colpo avvinghiandosi a me, mi baciava dal collo al fondoschiena. Inaspettatamente mi ha presa da dietro. E con questa mossa, ha scatenato in me un mal di pancia disumano.

Dalila, non avrei mai voluto fare una figuraccia del genere, pazzesco!, ma mi sono lasciata andare perché non ce la facevo più. E così ho imbrattato lui, tutto il letto, il drappeggio del baldacchino e le pareti!».

Mentre Cècile mi raccontava, io ero piegata dalle risate. Ma non era finita lì.

«Lui era estasiato ed eccitato, io stavo morendo dall'imbarazzo. Ho provato a farlo smettere per la vergogna, a fermarlo, mi stavo per scusare della situazione ma lui mi ha fatto cenno di lasciar stare: gli piaceva da morire. Avevo addosso un disagio tale che l'ho lasciato fare: non c'era via d'uscita. Non mi sarei mai immaginata di trovarmi in una situazione del genere, così assurda, proprio davanti a un mito della musica... Chi l'avrebbe mai detto?!

Mentre mi facevo tutti questi problemi, lui cacciò un urlo di piacere, poi è scivolato per terra come svenuto, ma era solo sonno profondo. Sarà stato tutto quello champagne, la stanchezza e tutto il resto... Ero imbarazzatissima, avrei voluto sprofondare. Ma nello stesso tempo non potevo scappare e lasciarlo così. L'ho coperto allora con un asciugamano e ho cominciato a lavare tutta la stanza. Ho tolto i drappi del baldacchino, le lenzuola e le ho lasciate nella stanza di servizio del corridoio. Ho recuperato un secchio e uno straccio e come una sguattera ho cominciato a pulire. Finita la stanza, con un asciugamano umido e caldo ho ripulito pure lui in modo che al risveglio non trovasse segni. Così si sono fatte le otto. Mi sono fatta una doccia rapida ed eccomi qua. Per questo sono arrivata in ritardo e nuda. Adesso mi capisci Dalila?»

E io con le lacrime agli occhi, ringraziai il cielo che l'autista non capisse l'italiano.

Mai Cècile avrebbe pensato di rivedere di nuovo quella rockstar; nonostante quel primo appuntamento così fuori dalle righe, però, il destino li fece rincontrare ancora e ancora!

Felici per il buon esito del lancio del film in Francia, rientrammo quindi a Roma. Rudolf Nureiev era lì per una settimana. Mi chiamò un rinomato ufficio stampa della capitale e mi disse: vieni con noi che andiamo con Nureiev. Io accettai perché ero appassionata di questo personaggio e anche perché fin da bambina avevo amato la danza in modo particolare. Andammo in una discoteca e lui si mise a ballare e fece uno show incredibile. La gente si alzò a guardarlo oppure si apriva per lasciargli spazio. Io ero con gli occhi sbarrati. E vidi la maestria e i calli nelle mani. Vidi la bellezza e l'usura del corpo nel portare all'estremo questo mestiere della danza. Vederlo da lontano era una libellula, da vicino era nodoso, muscoloso, dava la sensazione della fatica.

A un certo punto eravamo ai bordi della pista e io lo guardavo vicino all'agente dell'ufficio stampa. Ricordo che sotto queste luci della discoteca, notai che lui cominciava a sudare. Attraverso le sue mosse di danza, vedevo le gocce che schizzavano tutt'attorno. Finché dopo una serie infinita di piroette giunse ai bordi della pista, invitandomi con gesti plateali a ballare con lui. Imbarazzatissima, non volevo accettare, ma l'agente mi aiutò a rompere gli indugi spingendomi letteralmente tra le sue braccia. Sudatissime. Quel ballo scatenato mi mise profondamente a disagio perché Nureiev mi inondava del suo sudore con volteggi e passi di danza davvero belli per chi li osservava dalla giusta distanza, ma davvero "pericolosi" per me che gli ero così vicina. Tra il sentirmi una ballerina non adeguata al suo livello e soprattutto quella pioggia di sudore che copiosa mi bagnava, decisi allora di ritirarmi elegantemente con un applauso e mi dileguai mandandogli un bacio.

La ragazza di Ipanema

Feci un bellissimo viaggio in Brasile, accompagnata da Tancredi. Mi accolsero come una star dandoci una suite su Copacabana Palace, di fronte alla omonima spiaggia famosa in tutto il mondo. A una festa in una villa incredibile c'era un miliardario tronfio dei suoi trofei di caccia. La sua casa sembrava uno zoo mummificato. Questa villa era enorme: solo il salone era ottocento metri quadrati. Nella stanza erano esposti un sacco di animali imbalsamati o impagliati, persino un elefante, un ippopotamo, due tigri e un rinoceronte! In mezzo a questa specie di giungla, gli invitati in abiti da sera e champagne a go-go ballavano al ritmo di salsa.

Ebbi un senso di ribrezzo: che cattivo gusto e, soprattutto, che offesa a delle povere bestie! Pensai che a volte la ricchezza fa diventare scemi. Sono sempre stata contro la caccia ma davanti a quello scempio avrei voluto prendere un fucile caricato a salve e sparare a quell'idiota.

Poveri animali! Non riescono già a vivere con l'inquinamento che noi uomini causiamo in tutta la terra. Il loro spazio si stringe sempre più perché continuiamo a costruire dappertutto. Gli ambienti per loro non sono più quelli incontaminati di una volta.

Ci mettemmo a tavola per la cena. C'era un gruppo di modelli e belle donne brasiliane che fece di tutto per mettere in conflitto me e Tancredi: ci separarono facendoci sedere uno da un lato del tavolo e l'altra all'opposto.

Quasi a volermi distrarre dal mio compagno, mi misero a fianco un modello splendido. Cominciò a corteggiarmi fitto fitto. Insisteva perché il giorno dopo partissi con lui in barca alla volta di una lussureggiante isola prospiciente Rio. Prometteva che sarebbe stata una gita fantastica, soli, io e lui.

Stordita dalle sue parole, non feci caso a Tancredi che nel frattempo, aveva accettato di nascosto a me una pasticca tipo ecstasy dalla bella ragazza che si era seduta accanto a lui per non sentirsi da meno, bevendoci sopra tanta caipirinha.

Li vidi andare via dal tavolo, insieme. Distratta dai fotografi e dagli altri ospiti, non diedi peso alla cosa. A un certo punto, stufa di questa festa, lo cercai per tornare in albergo. Lo trovai in un grande salotto abbandonato tra le braccia di lei.

Lo lasciai lì e, chiamato l'autista, me ne tornai in hotel furiosa. La mattina dopo si ripresentò ancora stordito da quello stupefacente. Provò a minimizzare dicendo che era stata la ragazza a costringerlo. Litigammo. Quando la mattina uscii per fare le foto per «Vogue Brasile» lui ancora dormiva; l'arrabbiatura non mi era passata ed ero pronta a discutere ancora di questa storia della droga a cui sono stata sempre contraria. Ma rimasi senza parole perché quando ritornai in camera lui era già partito.

Per fare il figo si rovinò una bella vacanza; e non ebbe nemmeno il coraggio di affrontarmi su questo argomento.

Due gocce di spumante per arrivare a New York

Al ritorno ci fu tra di noi una violenta discussione. In questi casi ero così sconvolta che solo un viaggio riusciva a distrarmi. Quella volta, dopo la pesante litigata, decisi di partire per l'America e trascorsi due mesi tra New York e la Giamaica. Come mi ripeteva una mia amica, per dimenticare qualcuno bisogna fare un lungo viaggio: ma dovunque giravo l'angolo, io vedevo lui o qualcuno che me lo ricordava.

Non era la prima volta che andavo a New York: ero già stata nella Grande Mela. Fu un susseguirsi di serate, di amici, di feste con brindisi e champagne. Ci fu poi una nevicata eccezionale e restai bloccata due giorni in più lì prima di partire per la Giamaica.

Amavo davvero New York, sono legata a quella città per una strana coincidenza del destino. Un modello diede una mia foto a Andy Warhol e tramite lui mi si aprì un mondo tutto nuovo. Lavorai per anni posando per «Vogue», partecipando a serate con tutti i più famosi personaggi dell'epoca. Finii persino in un importante libro fotografico di Francesco Scavullo e mi ritrovai insieme a tanti scatti illustri: Barbra Streisand, Brooke Shields, Bianca Jagger, Ali MacGraw, le sorelle Hemingway, ecc. Mi feci molti amici e ogni volta che ero a New York li chiamavo e trascorrevo con loro serate stupende. Una volta mi ritrovai a cena con Diana Ross e i suoi musicisti e Scavullo. In quell'occasione incontrai un ragazzo fantastico che suonava con lei. A quella cena conobbi pure John Lennon: ammiravo quel mito, davvero superlativo, e anche se capivo poco l'inglese intuivo la sua forza carismatica.

Lo champagne accompagnava con le sue bollicine quel periodo a New York, in particolare una festa dove incontrai Elle Macpherson e tante altre modelle. Al termine di quella serata rientrai in albergo. Alloggiavo al ventisettesimo piano ma essendo un po' brilla per i tanti brindisi, andai al ventiseiesimo e mi diressi a quella che pensavo essere la mia camera. Non feci molto caso alla porta socchiusa perché ero davvero stanca e desideravo solo mettermi a letto e riposare. Al mattino dopo realizzai di aver compiuto uno sbaglio perché dal bagno proveniva la voce di un uomo che cantava sotto la doccia: era nientemeno che Steve McQueen in persona! Sorpresa e imbarazzata al tempo stesso mi dileguai in silenzio...

Il Golden Boy sulle orme di Bob Marley

Dopo quel viaggio a New York in seguito alla litigata con Tancredi, volevo allungare la mia permanenza all'estero e prendere un po' di sole prima di rientrare a Roma. Decisi così di trascorrere due settimane in Giamaica: essendo già lì, feci un servizio fotografico, ma essendo anche grande appassionata di Bob Marley e della sua musica, mi dicevo: "Non si sa mai che lo becco".

Partii con la fotografa e all'aeroporto noleggiammo una macchina: facile a dirsi ma meno a farsi. Infatti avevano la guida come in Inghilterra, con il volante a destra invece che a sinistra. Che vuol dire che anche le corsie e i sensi di marcia erano invertiti. Per me un caos!

Mentre percorrevamo un rettilineo lasciando la capitale, Kingston, e procedendo verso il mare, ci apparve una scena allucinante: un ragazzo bellissimo, mulatto, senza le tipiche trecce rasta, ma con i capelli corti, biondi sulle punte.

Aveva gambe lunghe, dei pantaloni di lycra color cielo, una maglia bianca di cotone buttata sulle spalle dorate, un fondoschiena memorabile e dei muscoli naturali perfetti: insomma una divinità greca!

Dalla macchina, io e la mia amica fotografa commentavamo ridendo: «E questo spettacolo chi è? Da dove salta fuori?», quando notammo che il ragazzo era inseguito da tre americane grasse, con dei culi ridicoli, il classico tipo di donna che andava ai Caraibi per adescare dei giovani ragazzi prestanti e bisognosi di soldi.

Le tre urlavano senza ritegno: «*Come on, stay with us! We go into a such beautiful place, come on come here!*».

Da dietro cercavano di richiamare la sua attenzione ma lui proseguiva dritto per la sua strada. Era una situazione mai vista. «Ma tu guarda questo inseguito da tre cicciottone» continuavamo a ripetere noi dall'auto.

Distratta da quella scena stranissima, all'improvviso mi trovai davanti un camion. Presa dal panico e per di più confusa dal senso di marcia diverso, sterzai in modo repentino e brusco, sfondai una vetrina e finimmo dentro la hall di un albergo.

Un disastro. E meno male che, avendo fatto l'assicurazione completa, non ci toccò pagare i danni! Tutto sommato ci andò bene perché, vetrina a parte, c'eravamo fatte solo qualche livido. Solo un gran casino e una paura tremenda.

Anche il ragazzo mulatto sentì il fracasso dell'incidente e si voltò dalla nostra parte, lasciando indietro le americane che lo supplicavano: «*Where are you going?* – Dove stai andando?».

Attraversò la strada. «*Can I help you?* – Avete bisogno di aiuto?» ci chiese con i suoi splendidi occhi verdi e la bocca rosa pallido. Proprio bellissimo.

«*It's your fault* – È colpa tua» gli faccio io.

«*Why is it my fault?* – Perché?»

«*Because we've seen the scene! It was so funny!* – Abbiamo visto la scena, era così buffa! «*We have seen the girls calling you... There were really mad about you!* – Abbiamo visto le ragazze che ti chiamavano... Erano davvero pazze di te!»

Ma quello, con un cenno di mano, dimostrò di non interessarsi affatto delle tre fanciulle in carne che gli avevano dato la caccia e ci chiese come stavamo.

Morale della favola: molto gentilmente ci aiutò con quelli dell'hotel e a sistemare tutti i documenti per l'assicurazione. Recuperammo un'altra auto per rimetterci in marcia. Nel vederlo così disponibile, provammo a chiedergli se aveva tempo per farci da guida dato che non conoscevamo l'isola.

Lui accettò molto volentieri perché in quel periodo non lavorava. Era un sub: portava i turisti a fare le immersioni, ma quella non era la stagione più indicata.

Per prima cosa ci scortò fino al nostro albergo: piccolo ma in stile coloniale, con la veranda piena di piante tropicali. Su un albero avevano ricavato una specie di piattaforma sospesa, con dei cuscini, su cui ti servivano il cocktail mentre stavi seduto comodamente, circondato da fiori meravigliosi e guardavi il mare con la musica giamaicana di sottofondo. Un posto incantevole.

Il giorno dopo facemmo un giro d'ispezione in vista del servizio fotografico; il ragazzo si presentò puntuale, alle nove come gli avevamo chiesto.

Ci portò in una spiaggia bellissima e poi alle cascate per fare un sopralluogo per le nostre foto. Che luoghi splendidi!

Ma non si limitò a farci conoscere le bellezze della sua terra; nei giorni che trascorse con noi, ebbe una serie infinita di attenzioni e gentilezze disinteressate: infatti, nonostante le nostre insistenze, non accettava mai denaro. Quando lo invitavamo a pranzare o cenare con noi era sempre in imbarazzo e si dileguava.

Una sera insistemmo perché rimanesse con noi a cena nel ristorante dell'albergo dove alloggiavamo. Non voleva assolutamente accettare. Ci spiegò che nei locali erano ammessi solo i turisti stranieri: i giamaicani erano discriminati. Io non ci potevo credere e insistetti perché venisse con noi.

Entrammo nella sala e chiedemmo il tavolo che avevamo prenotato per tre. Il capocameriere fece subito storie: «Lui non può entrare».

«Perché, scusi? Cosa gli manca per entrare? Serve un abbigliamento particolare?»

«No, non è l'abbigliamento.»

«Allora mi chiami il direttore, per favore» risposi io, innervosendomi sempre di più.

La nostra guida voleva andare via ed evitare discussioni ma noi glielo impedimmo.

Arrivò il direttore. Stessa tiritera: nei locali non sono ammessi i giamaicani.

Io non potevo credere a un comportamento così razzista: «Io e la mia amica fotografa stiamo realizzando un servizio sul vostro paese, non vorrei doverne parlare male visto che ci sta piacendo un sacco. Il signore è un nostro collaboratore e vorremmo avere il piacere di cenare insieme a lui».

Solo una generosa mancia in dollari fece cambiare idea al direttore del ristorante. Quando finalmente ci sedemmo al nostro tavolo, a essere razzisti furono invece gli stessi camerieri giamaicani: lo trattavano malissimo, gli buttavano quasi addosso le portate e gli parlavano con fare arrogante e discriminatorio.

E pensare che lui era la persona più gentile e disponibile del mondo, così protettivo ed educato nei nostri confronti. Fummo costrette a intervenire perché lo trattassero normalmente.

Un giorno per esempio, venne a prenderci con un sacchettino di canne da zucchero. Io non le avevo mai mangiate quindi mi spiegò come succhiarle. Buonissime!

Quando io e la mia amica lavoravamo al servizio, lui aiutava in mille modi: teneva la macchina fotografica, portava i cavalletti e le luci, cambiava i rullini. Oppure ci serviva delle bibite fresche o della frutta squisita.

Per fare delle foto vicino a una cascata, mi aiutò a salire e scendere da alcune rocce: aveva paura che scivolassi!

Un pomeriggio eravamo su una spiaggia paradisiaca: dopo aver finito gli scatti decidemmo di fare un bagno. Io in costume, la mia amica in reggiseno e slip. In segno di rispetto e per pudore lui fece il bagno a dieci metri di distanza da noi, tenendo addosso i jeans.

Un giorno ebbi un problema con una scarpa: inciampai e ruppi un tacco. La prese, la portò in un negozietto del villaggio e tornò mezz'ora dopo con il tacco riparato a dovere. Senza che io glielo avessi nemmeno chiesto! Era di una galanteria degna di un principe; un principe scalzo, forse, ma con un'umanità, una leggerezza, una spontaneità che pochi uomini possiedono.

Ci portò a mangiare le specialità tipiche del posto in un localino sulla spiaggia: assaggiammo del buonissimo pesce alla griglia, con il limone e il riso, con i piedi nella sabbia e il sole che tramontava all'orizzonte. Ma la serata non finì con quella cena genuina: ci invitò in una grande capanna fatta di paglia e tronchi dove c'era un bar aperto sull'oceano. Era il punto di ritrovo dell'isola. Dai cespugli che circondavano la capanna arrivavano di continuo giovani di tutto il mondo che ballavano senza sosta la musica reggae di Bob Marley, con le trecce in testa e i vestiti coloratissimi. In mezzo un bar dove preparavano cocktail tropicali: una freschezza e un'energia davvero contagiose!

Io speravo di vedere dal vivo Bob Marley ma quella sera suonò solo la sua band. Quando qualche giamaicano provò ad abbordarci, lui ci difese come sorelle. Ballammo per ore lasciandoci trasportare da quel calore tropicale che dai bonghi arrivava all'anima.

Alle quattro di mattina andammo via e insistevamo per accompagnarlo a casa ma lui continuava a dire: «Abito troppo lontano, vi farei perdere troppo tempo, vado a piedi».

Dopo mille tira e molla accettò il nostro passaggio in auto. A patto però che il suo amico ci scortasse nel viaggio di ritorno. Aveva paura che ci perdessimo nei bananeti e nei campi di canna da zucchero che bisognava attraversare per arrivare a casa sua. Percorremmo chilometri e chilometri in mezzo alle piantagioni: neanche l'ombra di una strada asfaltata, fino al suo villaggio, su un cocuzzolo dimenticato dal Signore ma circondato da una natura lussureggiante.

Quella che lui chiamava casa era di fatto una capanna quasi primitiva, composta da una sola stanza. In un angoletto aveva due abiti striminziti, un fornello e una tazza, il letto, una candela e qualche libro. Neanche l'ombra di radio, frigorifero o corrente elettrica.

Ed era contento comunque. Preferiva restare modesto, ma non perdere la sua integrità: non faceva come altri suoi amici che cedevano ai dollari facili delle turiste straniere in cerca di passione a pagamento.

Vedendo dei libri accanto alla branda, un po' imbarazzata da quella miseria, gli chiesi: «Ma ti piace leggere?».

«Impazzisco per la lettura! I libri mi fanno sognare, mi fanno pensare che il mondo non finisce in questa capanna... Ma è troppo costoso per me trovare libri nuovi» mi disse.

«Se mi lasci l'indirizzo, io potrei spedirtene» azzardai, sperando di non offenderlo.

«Mi faresti questo regalo? Ne sarei felice.»

«Sì, molto volentieri. Te li manderò» promisi.

Quasi si scusava della modestia di quella stanzetta: «È dura vivere qua. Sono figlio di una giamaicana e un tedesco». Ecco spiegato il colore dei suoi capelli e dei suoi occhi! «Mia madre mi ha allevato da sola; siamo di condizione modesta ma profondamente sereni: io faccio il mio lavoro e tiro avanti così.»

Alle pareti c'erano delle canne di bambù che reggevano cartoline e foto di Parigi, Londra e altre città europee e americane. Vedendo quelle immagini di posti lontani e pieni di confort, così diversi dalla semplicità di quella capanna, intuii la sua voglia di andare via.

Fu lui stesso a confidarsi: «Il mio sogno sarebbe lasciare la Giamaica ma non mi fanno uscire. Dovrei avere un contratto di lavoro. Siamo come prigionieri di quest'isola e io non ce la faccio più. Cosa pagherei per andare via da qua! Con il mio lavoro non guadagno abbastanza. L'unica cosa positiva è che vivo in un posto meraviglioso!». Riusciva a trovare un elemento di ottimismo anche in quella situazione così precaria! Ci fece una tenerezza infinita: non si meritava una vita così difficile perché era una persona fantastica, sensibile, spiritualmente raffinata, giudizioso ed elegante come un lord.

Arrivò il giorno della partenza. Ci accompagnò fino sotto all'aereo aiutandoci con i bagagli.

«Speriamo di ritornare in questo paradiso e di rivederti» dicemmo io e la fotografa. «Grazie per tutto quello che hai fatto per noi.»

Era emozionantissimo, ma alla fine riuscì a dire: «Non so se capirete... È la prima volta che nella mia vita qualcuno mi tratta come una persona. Grazie». E gli venne giù una lacrima. Lo abbracciammo stretto stretto.

«Sei un ragazzo fantastico, non ti fare rovinare da nessuno. Dopo tante carinerie, gentilezze, attenzioni da parte tua volevamo lasciarti un segno della nostra riconoscenza e un ricordo della nostra amicizia» e gli misi in mano la mia radiolina portatile.

«*Oh, my God! Oh, my God!*» urlava saltellando dalla gioia per la radio. Mi abbracciò ancora e in quel momento gli misi in tasca un po' di dollari. Visto che l'avevamo trattato come un amico non volevamo pagarlo: lui non avrebbe mai accettato dei soldi e si sarebbe potuto offendere, ma allo stesso tempo volevamo aiutarlo.

Salimmo sull'aereo e dal finestrino vedemmo ancora quell'angelo mulatto e biondo che ci salutava con la mano, dalla pista. Un vero *Golden Boy*, un ragazzo d'oro di nome e di fatto. Durante il proprio viaggio, capita che un nuovo cammino appaia all'improvviso, portandoci in una direzione completamente nuova. Spesso si tratta di un'occasione inaspettata che arriva da sola, mentre siamo affannati su altro e stiamo sgobbando per realizzare i nostri obiettivi. Per l'ennesima volta una coincidenza cambiò il mio destino.

La fine di un sogno

Quando tornai a Roma dal mio viaggio in Giamaica, dopo circa due mesi, stavo con Tancredi ormai da sei anni. Anni di fiamme e di momenti bui. Ma niente riusciva a togliermelo dalla testa per cui ci ritornai assieme.

Ero l'attrice del momento, piena di offerte di lavoro, ma non seppi affatto sfruttare le occasioni al massimo e mi preclusi molte strade perché avevo messo in cima a tutto quell'amore sconsiderato. Il bisogno di amare e di essere ricambiata mi aveva come accecata.

Avrei potuto avere uomini che mi volevano dare il mondo, ma io non li vedevo neanche: i miei corteggiatori mi mandavano regali originali come gioielli e automobili di lusso, e perfino un cavallo da corsa. A volte ci costruiamo degli idoli sbagliati nel nostro cervello, per una forma di masochismo, altre non amiamo quelli che ci contraccambiano.

E io volevo solo Tancredi: era così magnetico che riusciva a tenermi legata a lui nonostante il nostro amore fosse molto sbilanciato. Lui riceveva affetto sicuro dai suoi, quindi cercava solo la passione carnale; io, invece, ero affamata di amore: il suo comportamento mi impediva di volare fino a toccare il cielo, quando invece avrei voluto un amore più concreto e stabile!

Le nostre esigenze da un certo punto in poi furono sempre più divergenti.

Un triste episodio mi fece vedere il mio compagno con occhi nuovi e mi portò progressivamente ad allontanarmi da lui, seppur con molta fatica e dolore.

Ritornando dal viaggio in America, incominciai le riprese di un film e durante il primo ciak in Svizzera, ebbi un malore sul set: sentii scorrere come dell'acqua calda tra le mie gambe. Mi trovai in una pozza di sangue. Ero incinta da poche settimane e il mio corpo rispondeva con un aborto spontaneo allo stress della storia e del set.

Quando avevo annunciato a Tancredi che aspettavo

un bimbo da lui gli avevo chiesto cosa pensava di fare. Mi aveva risposto: «Se lo vuoi, tienitelo». Senza alcun appoggio, senza alcun entusiasmo.

Non appena mi ricoverarono per l'aborto, lo chiamai e lo dovetti convincere a venire a trovarmi. Com'era difficile chiedergli qualcosa! Mi sembrava quasi di rubare il suo tempo. Mi raggiunse, ma si comportò con distacco e cinismo, come se la cosa non lo riguardasse.

Si dimostrò tutt'altro che maturo nell'accettazione del bimbo che il destino voleva darci: non fu tanto generoso da rinunciare a una parte di sé per salvare il nostro rapporto. Un uomo o ha carattere a vent'anni o mai più; e lo vidi proprio in quella terribile circostanza.

Quando arrivò in ospedale rimase pochi minuti: «Non sei poi così grave... Non è che stai morendo! Adesso posso tornare a casa».

Sentii il dolore di aver perso un figlio dall'uomo che amavo: sciupò l'occasione di fare rimanere eterno il nostro amore. Quando lessi *Lettera a un bambino mai nato*, quel magone si ripresentò, le parole che Oriana Fallaci rivolge al suo figlio mai nato riaprirono quella ferita: «Tu sei già morto... Morto senza sapere cosa significa essere vivo: senza sapere cosa sono i colori, i sapori, gli odori, i suoni, i sentimenti, il pensiero. Mi dispiace: per te e per me. Mi umilia. Perché a cosa serve volare come un gabbiano dentro l'azzurro se non si generano altri gabbiani che ne genereranno altri ancora e ancora per volare dentro l'azzurro?».

A quella ferita si aggiunse il suo andarsene, come un vuoto che rimase sempre con me. Mi lasciò la sua assenza, quella vera, quella che mi rubava l'anima e non me la restituiva più. Sconcertata, delusa, capii che era una persona cinica, viziata, anaffettiva.

Tornando a casa dall'ospedale, mi sentivo sola, senza quell'anima molto complicata accanto a me. Ma chi era davvero Tancredi? In sei anni non sono riuscita a capirlo. Imprevedibile, amico di goliardia, di spregiudicatezza, è restato per me un mistero. Mi proclamava sua ape regina, e l'attimo dopo mi dimenticava senza conoscere rimorsi.

Quando mi ero innamorata di lui mi sembrava di vivere dentro una bolla di sapone, sospesa nell'aria, di una bellezza impeccabile. Mi divertivo. Era la prima volta che avevo una vera storia d'amore importante e coinvolgente. Questi attimi di euforia passarono, però, e col tempo caddi nel precipizio della realtà: c'è chi si getta negli strapiombi della vita, e c'è chi, come me, avrebbe preferito planare come un aliante, aspettando che i venti mi portassero sulla mia vera isola d'intimità.

Alcune storie iniziano come uno tsunami per poi perdere la forza e il vigore e disintegrarsi. Per fortuna che alcune persone smentiscono tutto questo cupo pessimismo, e ogni tanto ci fanno vedere delle straordinarie storie d'amore, quelle che io ho sempre sognato.

Pian piano non lo rispettai più, cominciai a vedere una parte di lui che non mi piaceva e quindi a cambiare idea sul suo conto.

Lo lasciai io. Non ne potevo più. Fu doloroso ma inevitabile.

Mi trovai sospesa, da sola, orfana di Tancredi e della sua famiglia così solida d'affetti. Non appartenevo più a nessuno, ero dimezzata e questa fu la cosa che mi pesò di più. Ma ero di nuovo padrona della mia vita.

La Provvidenza mi offrì una possibile medicina a quel dolore. Durante un'intervista televisiva, conobbi un regista francese, Gérard. Non mi mancavano le occasioni, ma lui fu la persona più attenta al mio malessere, quello che mi consolò, mi diede supporto e comprensione con il suo carattere amorevole, intelligente, la sua attenzione per le piccole cose.

Quando la nostra amicizia stava per diventare qualcosa di più, cominciai a sentirmi strana. Dopo i controlli medici, feci una triste scoperta: ero di nuovo in stato interessante, ed era di sicuro figlio di Tancredi che per la seconda volta non aveva avuto rispetto per me.

Non sapevo come dirlo a Gérard, era un pasticcio enorme. Il destino, però, si ripresentò: mi presero sotto con la macchina e persi anche questo secondo bambino. Fu un trauma terribile, segnato da dolore e disperazione profondi perché in seguito non ebbi più la possibilità di avere bambini.

In pronto soccorso venne a trovarmi Gérard e la dottoressa parlò della perdita del neonato pensando che lui fosse il padre. Io gli confessai tutto.

Invece di arrabbiarsi perché ancora non gli avevo detto nulla, lui si dispiacque per la perdita in sé: «Che cosa terribile che ti è accaduta! Questo bambino era importante per noi... E pazienza se era di un altro! Per me i bambini sono sacri!». Quindi mi abbracciò e io piansi per quelle sue parole così colme d'affetto.

Vidi che grande differenza poteva esserci tra un uomo e un altro. Decisi di lasciarmi andare con questo amico e di cedere alla sua corte. Mi rendeva felice sotto ogni aspetto: mi amava e stimava come donna e mi sosteneva come attrice. Perché accettassi la parte nel film con Alain Delon, per esempio, mi aiutò giorno e notte a studiare il copione in francese!

Mi portava ai provini, mi dava consigli, mi apprezzava e soprattutto non mi metteva i bastoni tra le ruote. Magicamente, dopo aver lasciato Tancredi, anche la mia carriera era tornata sul binario giusto. Ero serena.

Dopo un anno di convivenza mi propose di trasferirmi definitivamente da lui, in Francia, di sposarci e di fare una famiglia allargata insieme al suo bimbo avuto da un precedente matrimonio e a mio figlio Christian.

Con lui vivevo benissimo, forse il sogno di avere un nido mio si stava realizzando. Ma a volte mi ritornava insistente il pensiero di Tancredi...

Andai a Roma per recuperare le mie cose e predisporre il trasloco per la Francia. A un semaforo incrociai Tancredi. Mi prese un colpo. Ci guardammo intensamente. Lui schizzò via non appena scattò il verde. Il mio cuore batteva a tremila. Fui costretta ad accostare l'auto e a fermarmi perché stavo malissimo: vomitai dall'emozione.

Cosa voleva dirmi con quel malessere il destino? Ero a un passo dal coronare il sogno della mia vita, ma evidentemente non doveva andare così. Dovevo ancora capirlo.

Se non chiudi bene una relazione quando sei innamorata, se non sei davvero convinta, puoi pensarci per tutta la vita, hai la sensazione di avere un conto in sospeso.

Tornai a casa tutta in subbuglio. Tancredi mi telefonò la sera.

«Ciao Dalila, ti aspettavo. Rivederti oggi mi ha fatto male, ma non potevo non telefonarti. Ho bisogno di parlarti. Ci vediamo alle sette sotto casa mia.»

Quando mi presentai non riuscimmo neanche a dire due parole, semplicemente ci baciammo. Mai abbraccio fu così lungo. Dopo un anno, la fiamma della nostra passione era ancora viva.

«Quando sei sparita, ho capito che cosa avevo perso.»

Era diventato un altro. Aveva patito tanto, anche lui. E voleva darci un'altra possibilità.

Gérard venne a Roma. Stavo male, ero confusa e non sapevo cosa fare. Gli spiegai cos'era successo con Tancredi e gli dissi che nel bene o nel male non avrei potuto continuare a stare con lui. Nel fare le valigie piangeva come un bambino. Avrei voluto trattenerlo, ma era così arrabbiato che non riuscii a dirgli più nulla. Aveva del resto le sue ragioni: con me si era impegnato davvero e mi aveva amato moltissimo, come me d'altra parte. Ma io non potevo più farlo partecipe del mio tormento. Uscendo mi disse: «Mi mangerò le mani e i gomiti, ma non ti chiamerò mai, per me non esisti più» e sbatté la porta.

Mi sedetti sul gradino e mi misi a piangere perché sapevo di aver perso una persona a cui comunque avevo voluto bene.

In Gérard avevo trovato un uomo che compensava il vuoto lasciato da Tancredi in certe cose, ma non era l'amore. Avevo ancora in testa il tarlo della precedente relazione.

"In che guai mi trovo!" mi dissi. "Ma si possono amare contemporaneamente due persone?" Io non riuscivo a vivere in quello stato: ero a un bivio. Dovevo imboccare una strada sola e così scelsi Tancredi, pensando: "Comunque andranno le cose, la pagherò, ma almeno ne verrò fuori".

Tornai per tre mesi con Tancredi, sperando che durante la mia assenza avesse dato forza alla nostra storia e avesse deciso di coronare il nostro amore in una vera convivenza.

Partì per un lavoro che lo trattenne a lungo fuori e la nostra intesa non tornò più come prima, per me si era spenta la fiammella. La relazione terminò gradualmente: adesso io avevo come termine di paragone quella con Gérard che mi aveva dato così tanto; ma per risolvere l'enigma di Tancredi, avevo dovuto perderlo.

Che storia d'amore è questa che rimane solo in me? Io piango e tu gioisci, io aspetto e tu parti. Se parlo, tu non mi ascolti. Per realizzare un grande sogno sarebbe bastata una parola in più – noi due, per sempre – che però non ho mai udito.

Come dice la struggente canzone di Claudio Baglioni che sto ascoltando in questo momento, «ci separammo un po' come ci unimmo [...] finimmo prima che lui ci finisse»: una preghiera scontata alla fine di una storia.

Le minestre riscaldate a volte sono buone, più spesso peggiori. Va nutrito d'amore un grande amore altrimenti prima perde vigore, poi sapore, vivacchia di sbadigli, s'intristisce di noia, diventa insopportabile; del rito straordinario non ha più la magia né la follia e tristemente muore.

Mi dissi: "Questo è quello che mi merito! Ho fatto uno sbaglio: adesso me lo terrò!".

Cosa ho imparato da questa storia? Che nella vita quello che conta sono i tempi. A volte l'attimo giusto può sfuggirci per sempre. Che non bisogna forzare al massimo certe situazioni perché poi ti trovi comunque deluso. Che bisogna trovare un equilibrio e un rispetto nell'amore. Anche se può essere davvero doloroso. Non contano solo le scelte che si fanno, ma anche il momento in cui si ha il coraggio di compierle.

6
LA CASA DELLE PROVE E DELLA RINASCITA
(Roma, via Cassia)

In cinese la parola "crisi" è composta
da due ideogrammi.
Uno rappresenta il pericolo,
l'altro l'opportunità.

JOHN F. KENNEDY

Il luogo dove vai a vivere o a passare la tua esistenza o semplicemente dove hai la fortuna o la sfortuna di nascere, ti influenza e cambia la tua qualità della vita, nel bene o nel male.

Sono convinta che al giorno d'oggi le città siano diventate come degli uffici e che suo malgrado, la gente diventi a volte via via più insensibile e indifferente. In questo contesto affollato, ci svuotiamo di valori e con la fretta non riusciamo a instaurare dei veri e propri contatti, a vedere l'anima di chi ci sta di fronte. Di fretta, sempre di fretta, alla ricerca di soddisfazioni veloci e piaceri effimeri. Per arrivare dove poi? È terribilmente alienante non fermarsi mai, neanche per un attimo a riflettere, a gioire per le bellezze della vita che è sempre un dono. Va assaporata, gustata e non ingoiata.

Da sempre ho l'abitudine di salutare quando incontro qualcuno. Sono stata educata così. Mi è difficile non vedere una persona se mi passa a fianco oppure distogliere lo sguardo. Allora un buongiorno mi viene naturale. Alcuni ricambiano il mio cenno, altri si limitano a un gesto imbarazzato, altri ancora non rispondono, tirano dritto come se non mi avessero vista, occupati come sono al cellulare o persi nella musica delle cuffie oppure ingrugniti dalla vecchiaia o dalla solitudine.

Abitanti di questo mondo senza relazioni e senza società, guardano ma non vedono. Hanno paura di chi si avvicina troppo. Il prossimo forse è morto da tempo, rimpiazzato da surrogati elettronici, ma io non mi rassegno e continuo a salutarlo. Anche se nelle città, dove le persone sono stipate come sardine in una scatoletta, dove a volte non puoi muoverti senza urtare qualcuno o avere uno spazio vitale minimo, paradossalmente tale contiguità crea la massima distanza: nessuno riesce più a vedere l'altro, così abituati come siamo a essere sempre in mezzo alla gente, ridotta a massa confusa. Ci mescoliamo per paura di essere diversi, sempre rischiando di perderci nel più squallido conformismo.

Anche gli spazi verdi sono quasi scomparsi e i pochi rimasti sono destinati a dissolversi presto, ingoiati dai nuovi cantieri, da nuove costruzioni e strade; troppi veicoli inondano poi l'aria di veleni. Al contrario, nel piccolo centro, in provincia, tutto questo non c'è, la vita si può ancora assaporare nel suo percorso migliore.

Mi fermo per non apparire logorroica, ma erano questi i miei pensieri quando abbandonai la casa di piazza di Spagna per dare a mio figlio un posto tranquillo dove crescere, giocare a pallone, stare in mezzo alla natura.

Presi una casa sulla Cassia Antica: la mia prima casa di proprietà! Fu un colpo di fortuna e di fulmine allo stesso tempo: una sera andavo in giro in macchina con una mia amica nella zona di Roma tra i Parioli, la Salaria e la Flaminia, a pochi chilometri dal centro.

Sbagliammo strada e dovemmo percorrerla tutta perché era a senso unico: ci ritrovammo in mezzo a un parco meraviglioso, su una specie di collinetta che dominava la vallata e Roma, vicino a un maneggio di cavalli.

Vidi con la coda dell'occhio il cartello VENDESI ATTICO su una palazzina di tre piani completamente immersa nel verde, affiancata da altre due identiche, a formare un complesso di tre villette. Nessun altro palazzo intorno. Anche se era molto tardi, fermai la macchina e scesi a dare un'occhiata al cartello per prendere il numero di telefono. In un bar ancora aperto, chiamai subito: mi rispose una signora anziana.

«Visto che sono già qui, non è che avrebbe la gentilezza di farmi visitare l'appartamento in vendita? La prego, non mi faccia tornare domani» la implorai.

«Se vuole glielo posso far vedere adesso perché ho qui le chiavi e abito al piano di sotto, ma con la torcia perché manca la corrente» mi spiegò la signora. Accettai senza pensarci due volte.

Non appena entrammo guidati solo dalla fioca luce della lampada a pile, quasi scivolai. Per terra c'erano centinaia di radiografie! Per camminare dovevo spostarle con i piedi. Ero talmente euforica per aver trovato quel posto incredibile a poca distanza dal centro, che non diedi molta retta alle lastre, e neanche alla carrozzina che c'era ripiegata in un angolo.

La casa era vuota da tanto tempo, abbandonata, tutta da rifare: ci saranno state cinque o sei bacinelle sparse qua e là per raccogliere la pioggia che entrava dai buchi del tetto.

Quando vidi il terrazzo, però, avrei voluto comprarla la sera stessa. Alla signora chiesi di darmi il numero del proprietario per versare un anticipo immediatamente.

La rividi due giorni dopo con la luce del giorno.

Era talmente bella e abbagliante che dovetti tenere gli occhiali! Il sole che entrava in quella casa era una festa. Così come la vista meravigliosa che si godeva dalle ampie finestre. Quella mattina c'era un venticello che spazzava il cielo, così potei ammirare i colli romani limpidi davanti a me. Diedi l'acconto e in poco tempo feci il rogito. Era mia!

Mentre ancora vivevo in centro, la feci ristrutturare completamente: i lavori durarono un anno perché buttai tutto giù. Mi occupai io stessa del progetto anche se chiesi dei consigli a un mio amico architetto davvero bravissimo. Il risultato di quel *restyling* fu che le principali riviste di interni e di terrazzi vennero a fotografare il mio appartamento, tanto era venuto bello e per certi versi innovativo.

Mi ero inventata delle soluzioni mai viste prima: per esempio una scala invisibile che portava al terrazzo. Senza corrimano e struttura portante, i gradini bianchi venivano fuori direttamente dalla parete della sala.

Entrando ci si trovava in un salone enorme di quasi settanta metri quadri; anche la cucina divenne grande abbattendo una parete e dentro misi un camino spettacolare.

Un atrio separava cucina e camera di servizio da tre stanze da letto dotate ciascuna del proprio bagno.

Nel terrazzo usai cotto antico, per dare un'atmosfera accogliente e calda, e feci costruire una seduta speciale a forma di ferro di cavallo in cui la spalliera era abbracciata da cespugli di fiori e piante.

Nella stanza mansardata feci disegnare un grande affresco *trompe-l'oeil* dalla mia amica toscana Eddy che aveva una mano leggerissima e naturale: fece un grande gazebo finto, avvolto da mille rose gialle rampicanti, così sembrava che il terrazzo continuasse anche all'interno. Avrei voluto staccare dai muri quel disegno e portarmelo via quando poi l'ho venduta.

A primavera incominciavo a dare cenette all'aperto sotto il pergolato e a volte apparivano a maggio le lucciole che rivedevo dopo tanto tempo e che, beatamente, il mio gatto rincorreva. Era così assolata che ogni due anni dovevo cambiare le tende perché si bruciavano.

Quando mi trasferii lì venne a trovarmi una mia amica giornalista. Mi fece una domanda che mi sembrò strana: «Ma hai fatto benedire casa?».

«Perché me lo chiedi?»

«Perché ogni casa nuova va benedetta.»

«Allora domani chiederò al parroco di venire» risposi, cercando di chiudere lì la discussione.

«Ma non basta mia cara! Ogni casa ha un'anima, Dalila, e quando compriamo una casa nuova ci appropriamo di quell'anima che vive al suo interno: diventa un po' nostra. La casa è, infatti, il nostro corpo più grande, cresce nel sole e dorme nella quiete della notte e non è priva di sogni. Racchiude spesso i passati degli altri: la casa è la scatola dove custodiamo i nostri *casi* e quelli di chi ci ha preceduto. È come se le mura restassero impregnate dall'alone di chi ha abitato prima qui.»

Il suo discorso mi affascinava e mi faceva allo stesso tempo impressione; mi vennero in mente le lastre e la carrozzina che avevo visto nell'appartamento durante la prima visita senza dare a quegli elementi troppa importanza. Avevo pensato soltanto che si trattasse dello studio di un medico. Le raccontai questa cosa.

«A maggior ragione, per stare tranquilla, falla benedire e fai un'altra cosa: prendi del sale e una scopa nuova e spazza quel sale per tutta la casa.»

A quel punto, vedendomi un po' scettica, decise di raccontarmi una sua esperienza.

Aveva comprato una villetta in campagna fuori Roma perché non voleva più abitare in città; trovò una cascina con molte aiuole fiorite, un orticello: davvero curata; si vedeva che chi l'aveva avuta prima l'aveva amata, infatti era proprio bella così e non c'era bisogno di metterci le mani. Il giardino soprattutto era una poesia. Si trasferì lì subito.

Le prime notti sentiva dei rumori. Con il tempo sempre più forti. Una sera scese dal primo piano, dalle camere da letto. Accese le luci, andò in tutte le stanze e le parve tutto normale.

Andò in paese dopo dieci giorni e chiese a uno dei contadini vicini: «Chi abitava dentro a quella casa?».

«Alfonso. L'aveva costruita lui. Aveva comprato il terreno e l'aveva costruita con amore. Ci teneva così tanto a quella casa, che era la sua passione, la venerava, era felice.»

«No, perché io sento dei rumori strani. Non riesco a capire se sono delle bestie. Delle volpi o dei topi. Se ci sono dei buchi, mi mandi qualcuno per ripararli.»

Arrivarono gli operai a fare l'ispezione della casa per vedere se c'erano dei buchi da cui entravano gli animali. Non trovarono nulla.

Fece mettere delle grate di ferro sulle porte. Si sentiva più rassicurata ma i rumori continuavano.

Raccontò la storia a una sua cara amica romana.

«Chi ha abitato in quella casa, se era così legato, potrebbe essere ancora lì... sembra un po' ridicolo, ma fai questa prova che mi ha insegnato mia nonna, questo rito propiziatorio: in un angolo della cucina metti del latte, una mela o comunque qualcosa da mangiare. Una ciotola con dell'acqua con dentro una candela in modo tale che non vada a fuoco la casa.».

Lei fece così, benché non tanto convinta. La mattina dopo si svegliò e trovò solo il torsolo della mela. Il latte era finito. La candela era consumata e la cera sciolta aveva formato come una rosa. Una specie di ringraziamento. Da quella notte non ha sentito più alcun rumore.

Concluse il suo racconto dicendomi: «Chi ha vissuto lì, lascia la sua energia. Se tu gli dai dei doni come per riconoscenza e rispetto, rimane un legame».

Anche se non credevo a questo tipo di riti scaramantici, feci come lei mi aveva suggerito: feci benedire la casa e vi sparsi del sale.

All'inizio in effetti portò serenità: la luce che entrava mi dava una pace e un silenzio che non sentivo più da anni. Finalmente ero felice. Pur abitando a pochi minuti dal centro, avevo un ritmo di vita da campagna. Dei contadini che stavano nella vallata mi vendevano la frutta, la verdura e uova genuine. Questo fatto mi faceva ricordare i tempi di Udine, di vicolo degli Orti. D'inverno intravedevo nel parco qualche volpe e d'estate sentivo le ranocchie gracidare.

Lì mi seguì anche il successo avviato in piazza di Spagna. Ampliai la mia popolarità facendo il primo sceneggiato della televisione italiana, ambientato in un aeroporto e girai tanti altri film. Ma allargai anche i miei interessi e mi dedicai ad attività che assecondavano la mia creatività: feci un disco con Red Canzian dei Pooh e cominciai a disegnare una linea di moda femminile per una ditta tessile, con grande successo e appagamento per dieci anni.

Una volta mi chiesero di partecipare alla serata dei «Musical Awards» a Montecarlo per consegnare il premio a un cantante italiano. Andai con il mio caro amico parrucchiere Roberto cui avevo chiesto di pettinarmi per l'occasione. Con me a consegnare il premio c'era anche Jocelyne.

Erano presenti i cantanti più famosi al mondo, ognuno con il disco più venduto dell'anno. Visto il *parterre* ero davvero emozionata.

Il disco che quell'anno avevo amato di più era quello dei Simply Red. Mi ricordo che continuavo a dire al mio amico: «Non vedo l'ora di sentirli esibire dal vivo e così da vicino!». Il solista cantò divinamente, il pubblico era in delirio e io pure! Finita la serata decidemmo di andare nel famoso locale Gimmix vestiti ancora di tutto punto: lui in smoking e io con un vestito a sirena lungo e rosso. Ci sedemmo. Fantasticai sulla possibilità di conoscere la band e fare loro dal vivo i complimenti. Il mio amico mi disse: «Eh, quando mai verranno qui? Saranno invitati dal principe!». Ordinammo da bere. A un certo punto vidi entrare il solista con tre giapponesi e altre persone al seguito; sussultai dalla gioia ripensando a tutti i giorni in cui avevo ascoltato a tutto volume la sua musica. Ora il mio desiderio di vederlo ancora più da vicino si stava avverando. Il mio accompagnatore mi disse: «Oh Dalila, basta che parli e vedi un po'... è arrivato! Ma se ti vede con me sarà difficile che tu lo conosca perché penserà che siamo fidanzati». Io risposi: «Vedrai che secondo me lo conoscerò lo stesso!». Lui dubbioso replicò: «Mah! Staremo a vedere...». Guardai il cantante mentre si stava accomodando e notai che mi guardava, e pure il mio amico se ne rese conto. A un certo punto vidi che si alzava con una bottiglia di champagne e due bicchieri in mano. Non potevo credere ai miei occhi: si stava proprio avvicinando al nostro tavolo! Roberto mi disse a labbra socchiuse: «Dalila, non ci posso credere, sei proprio forte!». Arrivato davanti a noi, la voce dei Simply Red disse: «*I'm sorry, I would like to share this happy moment with you* – Scusa, vorrei condividere questo momento felice con te». Poi, mentre stappava la bottiglia, io gli dissi: «Non aspettavo altro!». Si sedette con noi fino a notte inoltrata e poi ci scambiammo i numeri di telefono.

A Milano ci vedemmo altre volte. Ricordo in particolare la sua meravigliosa voce quando, girando in moto di notte, mi cantava i suoi pezzi più belli che amavo tanto. Indimenticabile... Il caso aveva voluto che io lo conoscessi.

In quel periodo, partecipai anche alla corsa delle Mille Miglia con macchine d'epoca perché adoravo la guida sportiva e ricevevo inviti di ogni tipo per feste e sfilate; insomma, non mi facevo mancare niente, anche se la priorità era sempre mio figlio Christian. Molti film, per esempio, li rifiutai per non lasciarlo in balìa di tate e filippine. Terrorizzata dal rischio che come tanti altri ragazzini cedesse alla curiosità della droga, preferii educarlo io e seguirlo passo passo.

In quella casa sulla Cassia vissi due storie d'amore fantastiche e molto importanti, che mi resero felice e appagata e che si sono poi trasformate in splendide amicizie. Quei miei due compagni, Massimo e Alessandro, sono rimasti come fratelli, mi sono sempre stati vicini nei momenti difficili della mia vita. Trovo meraviglioso quando due persone riescono a rimanere unite dopo che hanno condiviso un pezzo della vita insieme.

La prima incrinatura a tutta questa felicità vissuta

tra quelle mura, fu un furto violento che subii quando Christian aveva circa tredici anni: i ladri della cosiddetta banda dell'Arancia Meccanica entrarono nell'appartamento mentre noi eravamo in casa. Subimmo minacce e restammo pure feriti.

Poi arrivarono i mille e dolorosissimi problemi per avere un altro figlio. Benché ci provassi più volte, non riuscii mai... Mi sottoposi a un intervento per tentare di rimanere incinta ma per colpa di uno sbaglio terribile del ginecologo intrapresi un terribile calvario per cui dovetti subire diciotto operazioni per rimediare al primo errore. Non potei così coronare il sogno di dare a Christian un fratello o una sorella. È davvero cinico a volte il destino: con Tancredi mi aveva dato due volte l'illusione di essere ancora mamma e poi me l'aveva negata.

Non solo: nell'87 un pazzo mi travolse sulle strisce pedonali, a Forte dei Marmi, lasciandomi in coma per tre giorni e con le ossa tutte a pezzi.

Ma evidentemente avevo un conto aperto con la sorte e quelli non erano gli unici supplizi che dovevo passare.

Nel '91 Christian perse la vita in uno scontro d'auto, a ventidue anni. Non guidava neppure lui e l'incidente avvenne ad appena 400 metri da casa. È incredibile come la tua felicità, in un niente, possa venire spazzata via. Sembra tutto tranquillo, poi un giorno il destino si capovolge e ti porta un dolore così forte che è riduttivo chiamarlo umano. Allora la vita diventa un alito di vento, tu sei una foglia cui basta anche una carezza di leggera brezza per diventare concime per il sottobosco. Nel '97 poi ebbi l'incidente che mi immobilizzò a letto per anni e poi un secondo, nel 2000, che ancora adesso mi fa convivere con il dolore cronico. A forza di fare esami e radiografie superai ben presto la quantità di lastre che avevo trovato sul pavimento la prima volta che ero entrata in quella casa in cui penso non mi abbia portato bene abitare.

In vent'anni passati tra quelle mura a me così care, mi sono sentita come un fuscello in un torrente in piena verso una destinazione sconosciuta. Ma ero davvero abbandonata alla corrente in un destino senza senso, fatto come le montagne russe di gioie sublimi e di baratri desolanti? Avevo forse delle colpe da espiare?

C'entrava la precedente inquilina che, come scoprii in seguito, era stata molto fortunata ma anche molto malata, che nella sua vita aveva avuto affetto e fortuna, ma anche forti sofferenze?

Non so rispondere a queste domande. Oggi so soltanto che siamo parte di un quadro più grande e che l'esistenza di ognuno non è casuale: abbiamo tutti un ruolo attivo nel grande disegno della vita. Un disegno che è composto da puntini che uniamo noi, con le scelte di ogni giorno; il quadro finale che compongono, però, ci è concesso di vederlo solo alla fine.

Il dolore più grande

Il tuo sorriso, la tua musica, la tua giovane saggezza, poi il grande buio alle spalle. Avrei voglia di prenderti per mano, figlio mio, e parlare insieme: parlare di te, di tutto e di niente, di tutto ciò che è stato o che poteva essere.

Dopo che te ne sei andato, è vero, niente è stato più uguale a prima, ma è successo come un miracolo. Sei rinato a nuova vita e hai condiviso con me la tua rinascita.

Ho parlato spesso dell'incidente che ti ha strappato dai miei occhi. Forse ho esaurito le parole per raccontare quello strazio, o più semplicemente, non ci sono mai state, non esistono vocaboli così grandi da contenere quel sentimento. Ma forse è una fortuna che non ci siano: le emozioni risiedono in fondo alla nostra anima, da quel posto nascosto non le cancella niente e nessuno e possono continuare a parlarci.

La morte poi non è un fatto disumano, anzi. È la cosa più umana che ci possa capitare perché appartiene alla vita. Infatti non abbiamo paura di essa ma del dolore che la precede o che ne segue.

Allora sei stato tu stesso, Christian, ad aiutarmi a superare il dolore, a regalarlo al Signore con gioia, a trasformarlo in qualcosa di positivo: le fondamenta della mia nuova esistenza.

Dall'inizio sei stato al mio fianco, mi hai aiutato a non cadere nella disperazione più nera, a far germogliare le lacrime in fiori.

Hai cominciato subito a prenderti cura della tua mamma, a mostrarle il tuo amore con dei segni costanti. A pochi mesi dall'incidente ero in macchina con un amico. In borsa tenevo un rosario che mi aveva dato un sacerdote veneto: mi aveva sciolto il cuore quando si era come congelato per il dolore. Era uno di quei rosari di plastica bianca che al buio diventano fosforescenti.

Nella stessa sacca portavo sempre con me anche la catenina di quando Christian era militare, con la piastrina metallica con i suoi dati personali. Disordinata come sono, le due cose erano finite sul fondo dello zainetto e si erano mescolate a tutto il resto.

A un certo punto sentii un forte calore sulle gambe, proveniente dalla borsa che tenevo appoggiata alle ginocchia. Urlai al mio amico di fermare subito la macchina. Qualcosa aveva preso fuoco? Com'era possibile?

Accesi la lucina dell'abitacolo e rovesciai la borsa per terra. Con la mano frugavo tra la mia roba sparsa sul tappetino per capire da dove fosse partito quel calore. Proveniva dal rosario che si era inspiegabilmente sciolto e fuso alla catenina. Adesso erano tutt'uno.

Rimasi impietrita dinanzi a un segno così prodigioso. Ma subito vi scorsi un messaggio silenzioso di Christian. Un messaggio che si sarebbe rinnovato, da lì in avanti, con tutti i cuori che mio figlio mi permette di ritrovare attorno a me nella vita di ogni giorno.

Se abbiamo raggiunto un solido livello di comprensione spirituale, ci ritroviamo costantemente consapevoli delle cose più profonde della vita. Una volta imboccata questa strada troveremo delle risposte e smetteremo di dubitare dell'esistenza di Dio. I figli rappresentano l'aspetto migliore della nostra vita e se vivi all'insegna dell'amore per loro sei disposta ad accettare tutto, anche di perderli.

Io ho perso Christian ma posso dire che ho almeno avuto la fortuna di conoscerlo. Dopo la sua scomparsa ho capito che ogni crescita avviene con un truma. Così è stato per me, nell'elaborare interiormente tutto quello che è successo di negativo nella vita mia e dei miei cari.

Lo sento con me, Christian, al mio fianco in ogni momento. Per questo non ho bisogno di reliquie materiali per saperlo vicino.

Anche in questo caso ci ha pensato il destino a fare pulizia del superfluo, a regalarmi l'indipendenza dalle cose di Christian. Usando, però, un metodo brutale e servendosi di un uomo meschino.

Al primo piano del condominio sulla Cassia abitava infatti un vero e proprio delinquente. È la parola più gentile che posso usare per definirlo: si chiamava Lorenzo Gasparoni. Aveva una gioielleria ed era stato in passato consigliere comunale. Nel negozio lavorava la moglie messicana, volgarissima, mentre lui compiva abusi edilizi. Grazie alle sue conoscenze politiche, era al riparo da sequestri e processi: impunito compiva un reato dietro l'altro e accumulava soldi su soldi. Nessuno riusciva ad arginare la sua avidità.

Come una talpa, era riuscito a costruire nel mio palazzo quattro appartamenti in più, tagliando diversamente i tre del suo piano e sfruttando anche le cantine sottostanti che si affacciavano sul giardino. Modificò in breve l'estetica e l'equilibrio del palazzo perché andò a intaccare pure le fondamenta.

Tra le cantine che requisì per realizzare i suoi progetti perversi, ci fu, ahimè, anche la mia. E, ironia del caso, lo fece quando io ero ricoverata a Bruxelles per un intervento e non potei fare nulla per rivendicare i miei diritti.

In mia assenza fece una cosa molto semplice: entrò nella mia proprietà, la svuotò di tutto quanto conteneva e se ne impossessò. Peccato che in mezzo alla roba da lui eliminata ci fosse la maggior parte dei ricordi che avevo di Christian. Si realizzò in questo modo il messaggio che lui stesso mi aveva inviato, attraverso la lettera di un mio fan: «Per amore mio ricomincerai tutto da capo, non fare delle mie cose rimaste, delle mie foto, oggetti di culto, non ci sarà bisogno di guardare continuamente una foto per sentirmi vicino. Sono con te, anzi sono in te».

L'indissolubile legame, il cordone ombelicale che mi

univa a Christian era definitivamente rotto. Mi pesava, però, che il destino si accanisse ancora su di me negandomi la gioia di altre maternità. Dove mettere tutto l'amore che traboccava dal mio cuore?

Come avevo amato profondamente quel figlio mio, avrei potuto amare anche un altro bimbo. Non per egoismo ma per dare senso alla mia vita.

Desiderai adottarne uno, pur essendo single. Mi trovai davanti a un muro: la burocrazia innanzitutto, poi l'ottusità della gente, il pregiudizio della politica, la diffidenza delle donne.

Nessuno capiva perché avessi bisogno di un figlio quando già ne avevo avuto uno mio. Ma volevo che tutto il mio dolore fosse rigenerato in un flusso d'amore capace di rinnovare la vita a uno di quei tanti bambini abbandonati che non hanno nessuno al mondo. Salvando una vita innocente, dai un senso alla tua esistenza. Presi un avvocato e cominciai una vera e propria battaglia per smuovere il pantano in cui questo argomento stagnava. Volevo che il Parlamento rivedesse la legge sull'adozione dei minori, includendo i single eterosessuali tra i genitori idonei all'adozione.

Non era una campagna politica quella che feci: certi temi non hanno un colore politico o una connotazione ideologica, ma appartengono a tutti quelli che hanno un cuore grande.

Perché, cos'è che non andava in me? Avevo forse dimenticato come educare, crescere, amare un altro bimbo? No, certe cose ce le hai nel dna e basta. Anche se non ero sposata, sarei stata capace di capire quando avrebbe avuto bisogno di un biscotto o di una coperta, di un abbraccio o di un bacio, di una parola buona o di un momento di ascolto.

Volevo affermare soltanto il mio diritto a essere mamma, ancora. E volevo condividere questo diritto con altre donne e altri uomini generosi.

Ma la politica, si sa, non è né misericordiosa né pratica. Dopo sei anni di udienze fino a Bruxelles e innumerevoli incontri con avvocati, non sono riuscita a ottenere grandi risultati, se non risvegliare la coscienza nazionale e l'attenzione dei media su questo argomento.

L'incidente all'atlante interruppe bruscamente ogni mio tentativo di appellarmi a una legge che ritengo profondamente ingiusta: lesiva di un diritto, quello ad amare, che non può conoscere vincoli e catene tanto restrittive. Ma è stato proprio questo evento drammatico a lanciarmi in una nuova e più sentita battaglia: quella per far riconoscere i diritti di quanti sono nella sofferenza cronica e a questo dolore vedono aggiungersi l'indifferenza di una certa sanità che non si occupa affatto di chi vive in questa condizione di solitudine e abbandono. Non c'è solo il problema dell'eutanasia di cui si può e si deve discutere: il dibattito pubblico dovrebbe interessarsi con la giusta attenzione anche del dolore cronico, un dramma che oggi pare essere oggetto di una rimozione e una censura davvero colpevoli.

La perdita di un figlio, la sterilità, l'adozione mancata, i miei guai al collo e il dolore cronico: le grandi prove che affrontai ai tempi della Cassia Antica. Quella era la casa in cui dovevo capire la mia esistenza.

Furono come frenate improvvise che mi costrinsero a fermarmi e pensare, a prendere il volante della mia vita che procedeva senza un pilota al comando.

Ho rischiato di impazzire ponendomi la domanda sbagliata: perché a me?

Con il tempo ho imparato a farmene un'altra: e allora, cosa mi porterà questa occasione? Davanti a certi macigni che la vita ti tira in testa puoi affermare la tua libertà e la tua umanità solo capendo dove ti porterà la sofferenza. Andando avanti in questo percorso tortuoso cercavo sempre più il silenzio: più esso era forte e più la pace entrava in me. Una volta raggiunto uno stato d'animo di profonda calma e solitudine, il mio cuore si riempiva di amore, gioia e serenità. E così non sentivo più il bisogno di difendermi dalla vita e di attaccare. Per la prima volta riuscivo a convivere con il dolore, provando quella beatitudine profonda che sfugge a quanti non riescono ad adorare il silenzio.

Se nel dolore riesci a rigirarti, a fare una capriola, ti ritrovi un'altra persona, molto più forte e libera di prima. Quando cerchi di dare un senso ai frammenti che vedi, puoi trovare conforto nella certezza che tutti rispondono a un programma stabilito in cielo per noi. Con amore immenso.

Le vite degli altri

Quel condominio sulla Cassia Antica era una specie di enciclopedia umana: era abitato da gente eterogenea e stravagante. Nei giorni bui di dolore e perdita, scorrevo a volte l'elenco dei cognomi sul citofono oppure guardavo dal giardino le luci che arrivavano dalle finestre degli altri inquilini del palazzo e immaginavo che almeno le altre famiglie fossero più serene, più appagate di me.

Ero quasi desiderosa della felicità altrui. Non mi rendevo conto che si trattava spesso solo di una calma, di una felicità apparenti. Dentro ogni appartamento, ognuno portava una pena, un tormento, una domanda, un desiderio, un conflitto.

Nella scala A, al primo piano, viveva una coppia sterile che non riusciva ad avere un figlio. Al secondo un professore molto cinico e freddo che aveva solo un cane a fargli compagnia; al terzo una coppia di anziani con un figlio drogato che li picchiava per avere sempre più soldi da spendere in eroina; al quarto, un celebre violinista con la sorella zitella; al quinto, una signora abbandonata dal marito.

Quest'ultima era una donna mite: nei primi anni di matrimonio aveva accettato che il marito lavorasse in un'altra città e tornasse solo nel weekend. Lui era un giornalista, molto egoista: non dava niente, tornava a casa solo ogni tanto, ma lei lo accettava così. Anche quando cominciò a tradirla, lei non ebbe la forza di mollarlo. Al massimo sognava che arrivasse un principe azzurro a portarla via, a darle una storia d'amore vera, e così viveva nell'attesa che il suo momento arrivasse dall'alto, senza muovere un dito.

A furia di sopportare l'assenza del marito, le sue scappatelle, la sua indifferenza, quella signora si ammalò: le venne un tumore al pancreas e morì nel giro di un anno.

Ci sono persone che accettano tutto, che non riescono a reagire. Il tumore le era venuto proprio perché non era riuscita a dare espressione ai suoi desideri veri, a rispondere alle ingiustizie che subiva dal marito. A furia di accettare tutto passivamente il corpo si ribella, fa sentire le sue ragioni e sfoga le insoddisfazioni nella malattia.

La scala B era quella dove abitavo io, al sesto piano. Al primo stava quella volpe di Gasparoni di cui ho già parlato; al secondo, un pittore in crisi di ispirazione e al terzo una giovane attrice di colore che non riusciva a sfondare nel cinema ma dava lezioni d'inglese per sopravvivere.

Al quarto piano c'era una famiglia allargata, una coppia – lui medico, lei insegnante – con tre figli: avevano adottato anche un bambino orfano, abbandonato dai genitori perché down. E loro lo avevano preso in casa proprio perché era disabile! Nel loro appartamento succedevano delle cose buffissime soprattutto per il bambino down, dolcissimo ma imprevedibile, con una comicità tutta sua. Sembra paradossale, ma forse era l'unico luogo in tutto il residence dove c'era davvero serenità!

Il quinto piano era occupato da un cieco assistito da una moglie devota. Lei aveva un'amorevolezza, una dedizione unica per il marito. Sopportavano tutti gli abusi di Gasparoni e vivevano felici, accettando di buon grado la pena della cecità e della vecchiaia.

Il mondo è davvero vario e popolato da gente incredibile, come lo era quel condominio.

Milioni di persone, milioni di facce, milioni di occhi che guardano, fissi, distratti, interessati, provocatori, milioni di gesti, parole al vento, promesse mancate, incoerenze, sguardi cattivi e poi carezze, baci, poesie d'amore e abbandoni.

Milioni di contenitori vuoti, o apparentemente tali; spesso non si accorgono del vento che muove le foglie, delle margherite nell'erba bassa dei prati, da tempo non hanno gli occhi puri e curiosi dei bambini. E milioni di sognatori che stanno con la testa all'insù, in attesa che una stella cadente porti loro un lampo di luce, la speranza della felicità.

Il pettirosso

Del periodo sulla Cassia ricordo anche una storia successa a una mia amica di vecchia data, Anna, una giornalista romana. Era molto legata alla sua famiglia, ma in particolare era affezionata a suo padre. Con lui aveva un rapporto unico: era un confidente, un complice, più che un genitore severo e repressivo.

Pur essendo un uomo d'affari molto impegnato con il suo lavoro, ci teneva a occuparsi almeno di una faccenda: la colazione. Si svegliava prima degli altri, preparava le uova strapazzate e il caffè. Gli piaceva l'idea di cominciare la giornata con i figli e la moglie, attorno allo stesso tavolo. In primavera apparecchiava sul terrazzo, in mezzo alle piante di ficus e alle bouganville.

Un giorno un pettirosso si posò sulla loro tavola, all'aperto. Aveva mangiato qualche briciolina e poi era volato via. Si ripresentò l'indomani. E poi il giorno dopo, e quello dopo ancora. Anna e suo padre avevano notato quell'uccellino e lo avevano battezzato "Il Rosso".

Se una mattina tardava ad arrivare, lo aspettavano. Per tutta la primavera fu l'ospite fisso di quelle colazioni sul terrazzo. Poi arrivò l'estate, e il padre di Anna si ammalò di un cancro gravissimo.

Durante la malattia fu la mia amica a occuparsi della colazione: per non togliere al padre il piacere di quel rito, imbandiva ogni giorno la tavola fuori, anche se lui era sempre più provato dalla malattia e pian piano si spegneva. Il Rosso continuava le sue incursioni, beccava le briciole, beveva due gocce d'acqua, teneva loro compagnia e poi si librava lontano. Era ormai quasi uno di famiglia. Era come un intervallo di quiete prima che la giornata partisse con un triste giro di ospedali, medici e cure faticose.

Con l'autunno, però, il Rosso non si vide più, probabilmente era migrato in qualche paese caldo.

Anche il papà di Anna volò in cielo, in ottobre. La mia amica era distrutta dal dolore. E la mattina, facendo colazione ormai da sola, si chiedeva che fine avesse fatto quell'uccellino così affezionato. A fine marzo, come tutte le domeniche, andò al cimitero, a trovare il padre.

Mentre sistemava i fiori accanto alla lapide, lo vide. Il Rosso stava appoggiato alla pietra, impettito ma con lo sguardo dolcissimo, quasi immobile, come un corazziere che presidiava l'ultima dimora del suo padrone.

Le avventure "paranormali" di Anna non finirono qui. Qualche tempo dopo si fidanzò con un inglese, James. Era felice di questa unione: era un ragazzo fantastico, che la apprezzava, la coccolava, la viziava. Non solo: la capiva perfettamente, anticipava ogni suo desiderio, aveva una sensibilità inusuale per un uomo.

Dopo due anni di relazione, Anna e James decisero di sposarsi. Due mesi prima del matrimonio, lei andò in Umbria per predisporre gli ultimi dettagli della cerimonia. Sfogliando un album di fotografie, le successe però un fatto stranissimo: fissando una foto di James, vide suo padre, scomparso da tre anni.

All'improvviso fu come se il compagno si trasfigurasse e il suo viso si trasformasse in quello del genitore. Con un'espressione indecifrabile. E con il pettirosso poggiato sulla spalla.

Anna non seppe spiegarsi quell'apparizione. Pensò di essere stanca per i preparativi del matrimonio, di essere sotto stress sul lavoro o più semplicemente di avere le traveggole per il caldo. Poi le venne in mente la risposta: non visitava la tomba del padre da un mese, presa com'era dall'organizzazione delle nozze.

Anticipò il suo rientro a Roma, per correre al cimitero con un mazzo di fiori e farsi perdonare l'assenza. Non disse nulla a James perché voleva fargli una sorpresa.

Entrò in casa in punta di piedi e la moquette attutì ogni residuo di rumore. Passò dal soggiorno e dalla cucina, diretta in camera da letto. Voleva proprio comparire di colpo per fare un'improvvisata al compagno.

Ma quando aprì la porta della stanza, a rimanere di stucco fu lei: lo trovò a letto con un uomo. Scappò via come una furia e il matrimonio ovviamente fu annullato.

Ecco cosa aveva voluto dirle suo padre! Si ricordò che nell'apparizione, in effetti, la sua faccia era preoccupata, non sorridente. Aveva provato ad avvertirla di stare in guardia e di non fidarsi del suo promesso sposo che evidentemente aveva una vita parallela.

Non era quello il destino che Anna doveva imboccare. Dopo un po' di tempo, infatti, conobbe un professionista francese e trovò con lui la felicità e l'amore veri.

Il mistero tocca a volte la nostra vita; attrae la nostra attenzione, è il veicolo più efficace attraverso il quale il destino ci parla. Ci arrivano dei messaggi subliminali che non sempre siamo capaci di interpretare perché siamo accecati e distratti dalla frenesia di inseguire traguardi sbagliati.

Se invece vivessimo ogni giorno come se fosse l'ultimo, saremmo più sensibili ai segni che di continuo Dio ci manda per raddrizzare la nostra rotta.

Conclusione
IL MIO TESORO NASCOSTO

Devi fare spazio
se vuoi che Dio entri in casa tua.

QUINCY JONES

Ho parlato del destino in questo libro: di tutte le forme a volte bizzarre, felici o dolorose in cui esso si è manifestato nell'esistenza mia e delle persone che ho incrociato per lavoro o vicende personali. Ma soprattutto ho parlato delle case che mi hanno accolto nelle diverse stagioni della vita: case in cui mi sono trovata inaspettatamente, che ho cercato o che mi hanno cercato, che mi hanno ospitato per lunghi periodi o solo per pochi giorni.

Case in cui comunque mi ha guidato il fato. Se non ci credete, vi racconto un ultimo aneddoto. Dopo la perdita di Christian, avrei voluto vendere l'appartamento della Cassia Antica, cui mi legavano troppi ricordi.

Avevo trovato un appartamento stupendo, di nuovo nel centro di Roma: pensavo così di tornare agli splendori vissuti in piazza di Spagna. Soprattutto ritenevo che cambiando casa avrei cambiato vita, scrollandomi di dosso tutto il dolore del mio passato per ripartire con un nuovo inizio.

Ma a volte il destino ti impedisce un cambiamento esteriore, quello che tu vorresti fare, quello che tu consideri importante e insegui con tutte le tue energie, per farne accadere uno interiore, imprevisto e ancora più decisivo. Il tutto seguendo una regia dall'alto.

Avevo scelto la casa dei miei sogni e contemporaneamente si era presentato anche un acquirente per l'attico della Cassia Antica. Mi era sembrata una fantastica coincidenza: senza nessun patema d'animo, sacrificio o preoccupazione economica, sembrava che riuscissi a concretizzare il mio desiderio. Stavolta il fato pareva essere dalla mia.

Avevo ricevuto l'assegno di anticipo dall'acquirente in mattinata e con quello in borsa mi recavo nel pomeriggio dal notaio a firmare il compromesso per la nuova casa.

Nel tragitto verso la destinazione, ebbi un incidente apparentemente banale che è stato, però, all'origine di tutto il mio calvario. La compravendita saltò un attimo prima di realizzarsi e tutti i miei progetti andarono in fumo. Sarei stata costretta a restare in quella casa da cui volevo uscire, nulla sarebbe cambiato. Ero come a un punto morto. Perché il destino metteva i bastoni tra le ruote della mia felicità? Ero molto arrabbiata e profondamente delusa.

Oggi, però, posso dire che il vero cambiamento e la vera rinascita sono cominciati proprio grazie a quello che sembrava essere uno sgambetto della sorte.

Quante volte si parla dei *casi* della vita? In effetti, visto il legame profondo che c'è tra le case in cui ho vissuto e la mia vita, avrei potuto intitolare questo libro anche *Le case della vita*!

Ho compreso che nella mia esistenza non ho cambiato case, ma le stanze di quell'unica casa che è la vita stessa. Ho imparato a conoscere la mia esistenza abitandola. Attraversandone le diverse camere, così come si passano le stagioni.

Che cos'è infatti la vita se non una casa, che ha il suo ingresso, il suo soggiorno, la sua cucina, la zona notte e le camere per gli ospiti?

C'è l'ingresso, il momento in cui entri nella tua vita: succede quando varchi la porta e capisci con un colpo d'occhio che quella è la tua casa, la tua esistenza. Da quella porta il mondo irrompe nel tuo essere: può essere un nuovo incontro, una buona notizia, un amico che ti viene a trovare, la vicina che ti chiede un aiuto.

Da quella stessa porta, senza che sia tu ad aprirla, a volte capita però che qualcuno voglia entrare a tua insaputa, magari di notte, per derubarti dei tuoi tesori e strapparti pezzi di anima, violando la tua intimità.

C'è poi la stanza da bagno dove vuoi lavare via la fatica, lenire le ferite e toglierti di dosso la sporcizia che inevitabilmente ti tocca quando entri in contatto con gli altri. È quel momento in cui ci si sente finalmente rigenerati, come dopo aver fatto una doccia rilassante.

C'è la cucina, il luogo che aggrega, che accoglie gli affetti più cari dei quali ti prendi cura dando loro da mangiare, cioè offrendo loro il meglio di te.

C'è il terrazzo che è lo sguardo sulle esistenze degli altri e sul mondo.

C'è lo studio, il posto dell'impegno, del lavoro, dei progetti che si vorrebbero realizzare; ma che è anche il posto dove fai i bilanci e cerchi di far quadrare i conti che la vita ti presenta, provando magari a stare in pareggio.

Poi c'è il soggiorno: il luogo dello svago, della chiacchierata con gli amici, della spensieratezza, della festa. Per celebrare le diverse ricorrenze, tue e della famiglia. E lì c'è anche l'angolo del caminetto: l'attimo in cui ti trovi da solo o con poche persone, ricordando i momenti belli o brutti vissuti insieme. È il luogo della memoria.

E infine la camera da letto, che è riposo, amore, passione, nuova vita che si realizza, ma anche notti insonni e lacrime per cocenti delusioni. Ma essa è pure il luogo del crepuscolo, della malattia o della tua vecchiaia, dove ti spegnerai pian piano.

Di stanza in stanza, attraversandole a una a una, conosci la tua casa, così come attraversando i diversi momenti della tua esistenza impari a conoscerla a poco a poco. E io l'ho conosciuta in questo mio peregrinare, in questo mio staccarmi gradualmente dalle cose che mi possedevano per essere io a possedere la vita in piena libertà.

Ho compreso che il tesoro vero te lo porti dentro, non lo tieni in una cassaforte, né in un *caveau*, né in un container o una cantina. Quello vero, nessuno può strappartelo.

Il mio tesoro nascosto è l'aver scoperto la forza interiore che ispira la mia vita, quell'energia positiva che guida l'esistenza in ogni momento, anche quando essa sembra andare come non vorresti.

Il prezzo della serenità è tutta la strada che hai percorso per arrivare fin qui.

Ognuno ha il proprio tesoro e lo scopre se impara ad ascoltare se stesso. Quello che io posso fare con le pagine di questo libro è aprire il mio scrigno, lasciarvi alcune delle perle che lungo il cammino ho raccolto, collezionando gioielli preziosi, ma anche monete false. Non voglio dare lezioni a nessuno, soltanto condividere la mia esperienza.

Non è stato un cammino facile: ci sono state prove, sfide, perdite. Ma dopo ognuno di quei momenti mi accorgevo di essere più forte, più consapevole di ciò che la vita è realmente.

Oggi so che si possono addensare fosche nubi all'orizzonte, ma dietro di esse il sole splende sempre, anche se noi non lo vediamo.

Per quanto dolore possa colpirti, se hai un animo aperto puoi conquistare la consapevolezza che nel non avere nulla hai tutto, che nell'essere debole sei forte, che è nel donarti agli altri che fai il più bel regalo a te stesso.

Oggi sono serena. Le finestre della mia casa sono spalancate e lasciano entrare ogni raggio di luce: dal mio terrazzo guardo la natura e ringrazio Dio per il dono del mondo. Aspetto il suono del campanello perché potrebbe accadermi ancora qualcosa di meraviglioso.

So che non abiterò per sempre questa casa che è la vita, ma non ho paura di lasciarla: so che il destino buono che mi ha guidato di stanza in stanza mi sta preparando una dimora migliore, per sempre.

La vita è adesso, in questo splendido presente che è il miglior regalo che potessi ricevere. Voglio vivere con tutta me stessa.

Questo è l'augurio che faccio a ognuno di voi, cari lettori: vivete! Vivete ora, vivete intensamente. Aprite le porte del vostro cuore, senza paura di lasciare entrare il nuovo e l'imprevisto. Esplorate le diverse stanze della vostra esistenza, alla ricerca di quel tesoro nascosto che aspetta solo che voi lo troviate.

Indice

Introduzione 7

1. Lucciole in giardino (Udine) 19
La mia casa-caserma 21
Un cuoco boxeur e una manager in giarrettiera 27
Il mondo entra in vicolo degli Orti 41
Il diavolo oltre la siepe 45

2. La ragazza con la valigia piena di sogni 49
Una briciola di felicità 55
Rapita da un insolito destino 62
Il treno della follia 76

3. La casa della fortuna (Roma, via Salaria) 89
Cioccolatini e rosette calde 93
Persone dal cuore grande 101
Un tête à tête con Alain Delon finito male 105
L'ospite inatteso 114

4. La gatta sui tetti (Roma, piazza di Spagna) 120
Le confidenze di Gian Maria Volonté 124
Il destino bussa alla tua porta 127
Pazza idea 131

5. Cittadina del mondo (Londra, Mosca, Parigi, Brasile, New York, Giamaica) ... 140
Lungo le rive del Tamigi ... 143
Mosca, aeroporti e gatti sensitivi ... 149
Una buffa storia a Parigi ... 154
La ragazza di Ipanema ... 160
Due gocce di spumante per arrivare a New York ... 161
Il Golden Boy sulle orme di Bob Marley ... 163
La fine di un sogno ... 170

6. La casa delle prove e della rinascita (Roma, via Cassia) ... 178
Il dolore più grande ... 188
Le vite degli altri ... 194
Il pettirosso ... 197

Conclusione. Il mio tesoro nascosto ... 200

Stampa: Mondadori Printing S.p.A. - Stabilimento NSM - Cles (Trento)